実践表現講座

演技の気持ち

はじめに

客入れ——芸術の優劣は好みなのか

芸術に優劣はあるのでしょうか。どの絵画が優れていて、どの演技が上手く、どの音楽がより心を癒してくれるのでしょう。筆者たちは直感的に、「この絵はいい」「この演技は下手だ」「この音楽は格好いい」と判断をしています。

しかし、明確に優劣をつける基準は、個人の趣味嗜好に偏っているのではないでしょうか。それが芸術の宿命なのかもしれません。ある人にとっては、その音楽が究極の安らぎと感じているのに、他者にとっては、その音楽は雑音になるかもしれません。実際に、筆者にとってはクラッシックや歌謡曲やフォークミュージックは安らぎであったり気持ちの高揚感を得られる音楽ですが、ある分野の音楽は雑音のように聞こえます。一方で若者たちに聞くと、昔の曲は「だるい」「古い」「のれない」「格好よくない」という意見が多数です。

音楽の好みは男性なら14歳、女性なら13歳に聴いた曲【1】が最も影響します。音楽の好みには、その音楽に触れた年齢が強く関係してくるのです。同じように、ある人にとっては毎週観るのが楽しみなドラマも、他の人にとっては、観るに値しないドラマだったりします。

筆者の例では、昔好きだった映画が、いま観るとテンポが速すぎて「間」がないように感じてしまうことがあります。逆に、昔は嫌いだった映画が、いまでは大好きになった例もあります。観る人が同じである場合でさえ、年齢の違いで見解が違ってくるのです。

1 参照：原文≪Stephens-Davidowitz,『Music of a Lifetime When do the strongest adult musical preferences set in? For women, it' s age 13; for men, it' s a bit later, 14.』New York times, 2018, 2, 10

絵画に至っては、ピカソの絵を「落書き」と言って譲らない人もいます。筆者です。

とは言っても、明らかに「この絵は初心者」が描いたと分かるものや、「ピアノを触ってまだ3ヵ月の人」と、「ショパンを日常的に弾いている人」との技術的な差や「演技を一度もしたことがない人」と「30年舞台に立ってる人」との差は明白です。

芸術の評価は千差万別。趣味嗜好に偏り、音楽に至っては、いつ頃聴いたかにさえ左右されるのです。筆者たちが芸術を鑑賞するとき、「優れた作品か否か」という判断基準の他に「好きか嫌いか」や「作品は好きだがつくっている奴が嫌いだ」とか、逆に「作品は嫌いだが作者や演者の顔は好みだ」といったようなバイアスがかかった評価を下しているに違いありません。

芸術性の優劣は、人によって判断基準が違っているのではないか。そこなのです、困るのは。

例えば「音楽コンテスト」について考えてみましょう。審査員の全員一致で、揉めることなく受賞者が決まることはほとんどありません。審査員も演者もプロフェッショナルな人ばかりなのにです。逆に、面白い現象があります。審査している人よりも、される側の立場の人のほうが優劣を敏感に感じ取っている場合があるのです。

つまりこういうことです。審査されるAさんがピアノ演奏をしています。それを審査しているB、C、D、E、Fさんたち5人の審査員がいて、それ以外に、次の審査を待っているGさんとHさんの2人がいます。審査員の5人は芸術性を審査しています。表現力が豊かであるかどうかに重きを置いて審査をしているのです。ところが審査される側のGさんとHさんは舞台の袖でAさんの技術を中心に聴いています。審査される側なので、楽譜に忠実かどうかにフォーカスを置いているのです。

採点が、5人の審査員と次に審査される2人とでは大きく違うことがあります。経験値は審査員の5人のほうがあるのでしょうが、GさんとHさんの技術の判断力がそれほど劣っているとは思えません。次に演奏するGさんとHさんはAさんの演奏を絶賛しました。演奏をしないで帰ろうかとも思いました。ところが、審査員の5人は演奏しているAさんを酷評しました。どちらの評価が真実なのでしょうか？ どこにフォーカスを当てて芸術を評価するかによって、大きく芸術の優劣は変わってくるのです。

演劇にも同じことが言えます。むしろ演劇はもっとバイアスがかかっていると言ってもよいでしょう。新聞の劇評で褒められている芝居を観に行くと、がっかりさせられる場合です。ちょくちょく、あるのです。失敗した、と思わせられる芝居が。

演劇は総合芸術なので、美術や照明や音響効果の優劣も含まれます。そして、演者の好き嫌いや演出の好みも優劣の判断に影響してくるはずです。

芸術が優劣を評価する人の経験や好みによって判断されるとするならば、幼少期を過ごした環境にも大きく左右されると考えられます。ミュージカルの途中に流れてくる音楽も、13歳、14歳に聴いていた音楽であったり、曲調が似ていたなら、その評価が変わってくるはずです。繰り返しますが、筆者は鑑賞する人の「好み」こそ、芸術の判断基準なのではないのかと考えてしまうのです。

こんなことを思いながら、演技を教えて30年以上になります。その間、多くの優秀な表現者たちを世に送り出してきたと自負しています。

そんな筆者が、この本を書こうと思い立ったのは、「演技の上手い俳優」とは、実は、「筆者が好む演技をしている俳優」のことではないだろうか、ならば、自分の好きな演技をする人を育てればいい。そんな俳優が多ければ多いほど、「筆者の好きな演技」にあふれるのではないか。そして、その方法があるならば、演劇を志す人のほかにも、会社でプレゼンテーションをする場合や、人とコミュニケーションをとる場合にもきっと役に立つはずだ。と、確信したからです。

筆者の演技メソッド（演技のトレーニング方法）はシンプルです。発言やプレゼンテーションといった機会の多い社会人にも応用が利くばかりでなく、即効性があると信じています。

目次

第2幕　私の演劇論──相原の「演技の気持ち」　55

ブックデザイン・波多　康幸
イラスト／表紙デザイン・古谷　充子

明日、表現するあなた
――藁にもすがりたい方へ

第1幕

「明日の朝、プレゼンテーションがある」「オーディションがある」
「何が何でも、明日までにスキルアップしなければならない」と
藁をも掴む思いで、この本を手に取った人もいるでしょう。
長い鍛錬の上に芸術があることに異論はなく、
一朝一夕で優秀な表現者が生まれるはずはないのですが、
筆者が藁になるので掴んでください。
「すぐにでも表現力をアップしたい」という人に、
即効で効く表現力アップの方法をいくつか教えましょう。

第1幕

I

リハーサルをするかしないかで、あなたの評価が変わる

やっていそうでやっていないのがリハーサル

プロの俳優は、１ヵ月以上稽古をした上に、通しリハーサルを稽古場で何回もやります。さらに、本番で使用する劇場で２～３回はリハーサルをするのです（総ざらい稽古とかゲネプロとか言います）。なので、いま頃になって焦っているあなたが最初にやらなければならないのは、まずリハーサルです。これをやるのとやらないのでは大違いです。

リハーサル（rehearsal）の語源は re（何度も）＋hears（鍬）で耕すイメージです。畑を何度も耕し、明日の発表の成功という実を収穫しましょう。

効果的なリハーサルのやり方

できれば発表と同じ場所（会場）で

一度行った経験がある場所と、初めて行った場所では、前者の方がリラックスできます。例えば商談をする場合は自分の会社でするほうが場所に慣れ親しんでいるのでリラックスできます。ベテランの車の営業マンは、ホームであるショールームにお客さんを連れてくるかどうかが勝負なのです。実は、彼女や彼氏の両親に会うのも、両親のホームに行くのは不利です。どこかにお店を借りてそこで会うようにするのがよいでしょう。少なくとも緊張の度合いは両親と同じになります。

オーディションやプレゼンテーションなどの発表は同じ場所でリハーサルをするのが難しいかもしれません。オーディション会場のスタジオを借りる資金がある人は、ぜひ借りてください。受かる確率が格段に上がります。プレゼンテーションなら、同じ施設を借りることができるかもしれませんね。

借りる資金のない人は——筆者もです——、近くの公共施設を借りるのがベストです。少なくとも公園や、声を出してもいいあなたにとっての非日常空間でやりましょう。それもできないようであれば、まずベッドから起き上がりましょう。椅子から立ち上がりましょう。発表する体勢になりましょう。

聴衆や発表している自分をイメージして

ただダラダラとリハーサルをしても、本当の意味でのリハーサルにはなりません。目の前の聴衆を思い浮かべてみましょう。誰と誰の顔が浮かんできましたか？

聴衆を想像することができたら、そこに立って発表しようとしている自分を想像しましょう。キャメラマンになったように、自分で自分の映像を撮っていることを想像してください。そして、自分目線の聴衆とキャメラに映っている自分の両方を想像します。緊張感が増してきましたね。緊張のリハーサルができたということです。一度緊張を経験しておくのとしないのでは表現に大きな差が出てきます。

本番と同じ衣裳を着て（本番と同じ服装で）

プロの俳優も衣裳を着てリハーサルをします。衣裳を着ると、より本番に近い状態になります。

本番で感じる緊張を前もって経験することもリハーサルの目的の１つなので、スエットや寝間着でするのでなく衣裳を身につけましょう。スエットのようなラフなものは好ましくありません。本番と同じ服装をすることがポイントです。

あなたがラフな服を着ているときと、フォーマルな本番用の服を着ているときと両方とも想像してみてください。Ｔシャツにジーンズでいるときと、ネクタイを締めてスーツを着ているときの気分の違いを想像してみてください。まるで違う気分でいることに気づきますね。

普段、ジーンズで過ごしているとき、私たちは「くつろいで」テレビや、YouTubeや、ネット配信を観ています。それを脳が記憶しています。ジーンズで過ごしている場所は「くつろいでいる場所」であると脳が覚えているのです。逆に、フォーマルな服装のときは「緊張して」行事に臨んだりしたことを脳は記憶しています。そして脳は、その服装と記憶を結びつけようとします。

くつろいでいるときの服装で緊張する発表のリハーサルをすると「脳にノイズ」が生まれ、リハーサルをする本来の意味である「本番と同じように」できなくなります。むしろ、本番で脳のノイズがさらに緊張を呼ぶことになり、「昨日のリハーサルではあんなに上手くいったのに」という結果になってしまうのです。

リハーサルは、本番となるべく同じ状態で行うことが重要です。本番で襲ってくる「緊張」の予行演習をして、「本番の緊張」を疑似体験しておくことが重要なのです。

スマートフォンで撮影してみましょう（誰かに撮ってもらうのもよいです）

リハーサルは正直に意見を言ってくれて、なおかつあなたの発表を一方的に批判しない人に見てもらうのがよいのですが、見てもらうのはスマートフォンでも構いません。スマートフォンで撮影しましょう。スマートフォンはあなたを一方的に批判しません。

スマートフォンで撮影した映像を見てみましょう

あなた自身が自分の発表の観客になることができます。観客のあなたはその映像を見てどんな感想を持つでしょうか？　おそらく、「こんな風に自分はしゃべっているのか」とか「表情のない顔だ」とネガティブな感想を持つことになるでしょう。

スマートフォンで撮影した映像を見て感想を書きましょう

さあ、ここからが正念場です。表現力アップは自分を客観視（objective）することが重要です。撮った映像をもう一度見てください。そして分析をしてください。どの箇所が、どのように「自分の思い通りにできていない」のか紙に書き出してください。頭の中で、あそことあそこが上手くいかなかったと終わりにしないでください。しっかりと紙に書き出してください。

例えば、「原稿に目が行っているので下を向いているように見える」「最初の台詞が不自然」「抑揚がない」「声が小さい」「動きがない」など、自分を採点するように感想をしっかりと紙に書きましょう。

感想をもとに自分で自分を演出しましょう

●原稿に目が行っているので下を向いているように見える
――原稿や台詞を覚えるか、箇条書きで覚える（俳優が台詞を覚えてオーディションや本番に臨むのは当然です）

●最初の台詞が不自然
――どうすれば不自然でないように言えるかやってみる

●抑揚がない
――どうすれば抑揚があるようになるか言ってみる

●声が小さい
――声を大きくする

●動きがない
――どのように動けばよいか考えて動いてみる

と、表現を修正していきます。

これをやらなければいままでのリハーサルはリハーサルとは言えない

１回目のリハーサルをしました。映像でも撮りました。感想も紙に書きました。自分を演出しました。そこで、あらためてもう一度リハーサルをします。３回、４回と繰り返せればなおよいのですが、少なくとも２回はリハーサルをしてください。それだけで表現力は大幅にアップします。

第1幕

Ⅱ

なぜ人は「あがる」のでしょう　あがらなくするにはどうしたらよいのでしょう

なぜあがるのか

主に、「まだ何もしていないのに観客の反応が否定的」であると想像してしまうことが原因と考えられます。

①恥——————聴衆が何を考えているのか心配だ。失敗するのではないかと恐れる
②準備——————トレーニング不足なのではないかと不安になる
③身体的魅力—自分に魅力がないのではないかと心配している
④厳格な規範—観客に批判されていると感じる。失敗をなくすようにプレッシャーを感じる
⑤性格特性——自尊心が低い、自信がない
⑥観客の興味—観客が興味を持たないのではと心配する
⑦新奇性———その体験に慣れていない
⑧失敗————失敗そのものを恐れる
⑨否定的結果—結果そのものが否定的になってしまうことを恐れる

❷

❷引用：有光興記『「あがり」のしろうと理論：「あがり」喚起状況と原因帰属の関係』社会心理学研究，17.1, 2001, 1-11

①〜⑨までの対処法は、次の「リハーサル」をすることに尽きます。

①聴衆の頭の中は分からない。失敗しないようにこれからリハーサルをする
②トレーニング不足なのは分かっているのでこれからリハーサルをする
③身体的魅力はいまさらどうにもできないのでリハーサルをする
④観客に批判されないようにリハーサルをする
⑤自信がないのでリハーサルをする
⑥観客が興味を持たないと困るのでリハーサルをする
⑦表現することに慣れていないのでリハーサルをする
⑧失敗を恐れているのでリハーサルをする
⑨結果そのものを否定的に思いたくないのでリハーサルをする

あがらないようにするにはリハーサルが重要

あがると心臓がドキドキしますね。人前で発表したりすると、課題や状況に対して脅威（threat）あるいは挑戦（challenge）と認知的評価を下すことによって、心臓血管系

反応に異なる影響が生じ、表現することにより脅威と認知した際に血管反応が高まる【❸】ことが生物学では実証されています。

簡単に言うと、「あがり」は発表者が観客や聴衆を「敵」と思ってしまうことが一因だと考えられるのです。リハーサルをするということは、発表者に観客は襲ってこないということを認知させることでもあります。リハーサルでは誰も襲ってきません。

観客は敵ではないと自分に認知させる

観客が敵ではないことを認知させるには、自分が観客であるとき、「発表者を敵とみなさない」ことが重要です。あなたが普段、他者の発表を観客として観ているとき、「私は敵ではない、あなたの味方です」といった態度を常にしていれば「観客は敵ではない」と脳は認知してくれます。

発表者に対して観客の自分が普段から好意的な反応（reaction）をしていると、自分が逆の立場になったとき――自分が発表者の立場になったとき――、目の前の観客を敵と認知しなくなります。

他者の発表のとき、大きくうなずき、拍手で称賛し、声に出して友好的な笑いや反応

❸引用：Blascovich, J., & Mendes, W. B. 2000 Challenge and threat appraisal: The role of affective cues. In J. P. Forgas (Ed.), Feeling and thinking: The role of affect in social cognition. New York: Cambridge University Press. pp59-82.

(reaction）を日常でしていることが「あがり」から逃れる方法なのです。

脳科学では、「ミラーニューロン」という神経細胞があることが分かっています。これは、目で見た行動を頭の中で鏡のように映して、同じような体験をしているように脳を反応させる細胞【4】です。発表者や演者のリアクションを日常で友好的に受けとめることで頭の中のミラーニューロンが反応して、自分の表現時に観客を敵とみなさないで緊張を和らげてくれるのです。

さて、あなたは明日、発表やオーディションの場で、少しでも観客でいる時間はあるでしょうか。そうした時間があるのなら、自分の原稿を確認することや演技プランを練る時間を削って、自分以外の発表者のスピーチや演技に大きな友好的リアクションをすることを勧めます。

笑顔の効果は絶大です

もし自分がトップバッターだったら、せめて笑顔をつくりましょう。笑顔の効果は多くの研究が証明するように、「笑いの精神的効果として、ストレスコーピング、不安、緊張の緩和などの効果が明らか」【5】にされています。笑顔は緊張やストレスを和らげて

【4】参照：中野信子『The21：ざ・にじゅういち』PHP 研究所 35(4), 12-15, 2018-04
参照：佐古仁志『「共感」に対する生態心理学的アプローチ』江戸川大学紀要，2019-03, pp.53-60
参照：クリスチャン・キーザーズ『共感脳―ミラーニューロンの発見と人間本性理解の転換（立木教夫・望月文明／訳）』麗澤大学出版会，2016
参照：本多礼諭『読みの動作化における観察者の理解の深まり「ミラーニューロン」研究の知見から』福島大学国語教育文化学会，2019-03, pp.56-69

くれるのです。ストレスコーピングとは、ストレスに積極的に対処する方法のことです。

また、スポーツ選手がメンタルトレーニングで取り入れているルーティーンも有効です。野球の選手などは靴を履くのに左右どちらから履くのかを決めていたり、どちらの足からバッターボックスに入るかを決めています。いつも同じ動作をすることによって、その先はいつもの自分でいられると脳に覚え込ませているのです。

リハーサルでルーティーンをつくるには、いまからでは時間が足りないかもしれませんが、やらないよりやったほうがよいに決まっています。マイクや原稿の位置を想定して動作（action）をルーティーンで繰り返しやってみましょう。マイクに手をやる。原稿を直す。パソコンのソフトを開く。何度か繰り返すと、たったこれだけの動作でも動きを修正したくなってくるはずです。そして、ルーティーンが効き出し落ち着いてきます。

筆者は長年、俳優をやっていましたが――まだ引退したつもりはありませんが――、あまり緊張をしません。それは日常から、リアクションを大きくとり、ルーティーンをこなしているからです。

せっかくなので、筆者のルーティーンを披露します。①膝の上に手を置き、手の温かさが感じられるまで集中する。手の温かさが膝に移ったと思えたら、②深呼吸をする。４秒吸って、７秒止めて、８秒で出す。これを２～３回。短い時間ですが、瞑想をするイメージです。呼吸に意識を持っていきます。

❺引用：三宅優、横山美江『健康における笑いの効果の文献学的考察』岡山大学医学部保健学科紀要 17:1-8, 2007, p.7

第1幕

III

発表する原稿を書きましょう
またはオーディションで披露する
演技の脚本を書きましょう

まず原稿をつくってみる

プレゼンテーションの発表にせよ、オーディションにせよ、原稿（脚本）をつくることが重要です。なんとなく頭の中で繰り返し練習してみても話は飛ぶし、同じ話が繰り返されるし、要点も散漫になって内容がまとまらず、何度リハーサルしてもうろたえるだけです。プロフェッショナルである役者も脚本を覚えて演じます。付け焼刃で本番に臨もうとするのなら――なのに暗記ができていない状態ならなおさらのこと――、せめて表現する内容を書き出しましょう。

箇条書きでもよい（プレゼンテーションの場合）

まずは、左にあげたような目次を書き出すことから始めましょう。そうすることで頭の中が整理され、内容を書きたくなってくるはずです。

●あいさつ
●なぜ、この発表なのか

●内容1の概略
●内容2の概略
●内容1についての考察
●内容2についての考察
●まとめ

文章は箪笥のようなもの

文章は箪笥のようなものだと思ってください。

箪笥には衣類がしまわれ、引き出しを開ければ冬物、夏物と整理されているはずです。靴下はここ、下着はここと、整理されていると目的のものを引き出すのは簡単です。段ボールにまとめて入れてしまうと着る気にもなれません。同じように目次を書き出すことによって整理すると脳が反応してくれます。

ではもう少し詳しく書きましょう（左の空いているスペースに書き込んでください）。これを書くのと書かないのとでは大違いです。頭の中で組み立てているより、書き出したほうが整理できます。重複して説明している部分などの発見もできます。

プレゼンテーションを目次から書くメソッド

①あいさつ

②プレゼンテーションの題名と概略

③言いたいことに番号を付ける
【例】ご提案したいことが3つあります

④本論の要約
【例】ご提案したいことは、〇〇と〇〇と〇〇です

⑤本論

⑥要約を繰り返す
【例】以上、ご提案したいことは〇〇と〇〇と〇〇です

書いた原稿に時間を入れていく

原稿を読みながら、経過時間を計ります。手元にスマートフォンを置いて、時計機能を呼び出してみましょう。必ず声に出して読んでみて、時間を計ることをお勧めします。俳優が声を出さずに頭の中だけでリハーサルをすることはありません。本番では声を出して表現するのですから、リハーサルでも声を出しましょう。なるべく本番と同じようにすることです。

時間は開始からどのくらいかかるかの目安になります。目安をつくれば長々と話すこともありません。皆さんも、長々としたプレゼンテーションを聞いたことがあるでしょう。どんなに素晴らしい発表でも長いというだけで評価が低くなります。

時間を入れてみると、例えば、

①あいさつ（1分）

【例】本日はご提案の時間をいただきありがとうございます

②プレゼンテーションの題名と概略（発表開始から2分）

【例】今回は顧客をターゲット別に呼び込むCMのご提案をしたいと思います

③言いたいことに番号を付ける（この項の発表終わりで3分）

【例】ご提案したいことが３つあります

内容に番号を付けるだけです。それだけで、これから発表することが整理されているという印象を与えます。このプレゼンテーションは３つの話でできているのだと観客に思わせることが重要です。

④本論の要約（この項の発表終わりで5分）

【例】ご提案したいことは〇〇と〇〇と〇〇です

・YouTubeについては10代、20代が一番見ている媒体です

・30代、40代のターゲットにはGoogleの広告が有効であると考えます

・熟年層については思い切ってFacebookの広告だけにして経費を削減します

⑤本論（この項の発表終わりで8分）

・YouTubeについては10代、20代が一番見ている媒体であり…。エビデンスは…

・30代、40代のターゲットにはGoogleの広告が有効であると考えます
なぜなら…
・熟年層については思い切ってFacebookの広告だけにして経費を削減
します。と言うのも…

⑥要約を繰り返す（この項の発表終わりで10分）

【例】以上、ご提案したいことは〇〇と〇〇と〇〇です
・YouTubeについては10代、20代が一番見ている媒体です。年代に合わせたCMをYouTubeに絞って広告します
・30代、40代のターゲットにはGoogleの広告が有効であると考えます
ウエブをザッピングしている層に向けて広告を打ちます
・熟年層については思い切ってFacebookの広告だけにして経費を削減します

このようにプレゼンテーションの経過時間を計測してリハーサルをしましょう。

前にも書きましたが、リハーサル（rehearsal）の語源はre（何度も）＋hears（鍬）で、何度も耕すことです。1回目のリハーサルで計った時間と、2回目のリハーサルで計った

時間を比べるだけでも客観視できます。

プレゼンテーションというタスクに、時間さえ気にしているということは余裕にもつながります。実りある収穫ができそうではありませんか。

その他の発表をするときの原稿の書き方・発想法のメソッド

明日、文芸作品を書かなければならないのに原稿が書けない、書いていない。そういうあなたはこの本をいますぐ閉じ、パソコンを開くか、原稿用紙やノートを用意してください。そして、書く。書く。書く。書く。でも、書けないという人のために、筆者が実践している書き方を伝授しましょう。プレゼン原稿を書く方式と似ています。頭の中を整理して書きます。今回は自分の意志を最初に書く方法です。

例えば、エッセイなら、何について書くかだけ決めます。今年の夏休みを題材にしてみましょうか。

題名「今年の夏休み」

①出来事（1行）

【例】プールに行った

②それを別の言葉で言い換えると（1行）

【例】この夏、初めてのプールだ

③そのことが起こってどう感じたか（2行）

【例】毎日が暑いので早く入りたかったのだ
暑いときにはプールなのだ

④景色を書いてみましょう（1行）

【例】太陽が地面を照らしていた

⑤何か問題は起きませんでしたか？（1～2行）

【例】暑くて汗が出てきた

⑥その問題（⑤）を克服するのに何を感じましたか？（1～2行）

【例】早くプールに飛び込みたかった

⑦その問題（⑤）を克服したときの気持ちを書きましょう（1～2行）

【例】飛び込んだら一気に体温が下がって気持ちよかった

⑧結果どうなりましたか？（1～2行）

【例】夏を感じた

⑨結果の感想（1～2行）

【例】行ってよかったと本当に思った

⑩そのときの風景を書いてみましょう（1～2行）

【例】少しだけ日差しがやさしくなった気がした

⑪いままで書いてきたことに自分のセンスを足して完成です

【例】夏を征服した気分だ

何度も書いてきましたが、文章は整理すると書きやすくなります。整理して書き始めたら、途中で筆箭の引き出しを無視して書き始めてもよいと思います。言葉が浮かんできたら、自由に書いてください。脳が書き出したくなるようにしてあげればよいのです。

俳優のオーディションに有効なメソッド

脚本がある場合は、脚本をミーメーシス（再現）［6 7］するのがオーディション合格への道です。俳優の台詞については第2幕で詳しく書きますが、ここでは即興で演じなければならない場合を想定して簡単な脚本を書いてみましょう。即興で演じなければならないのに、脚本を書く時間がないと言わず、メモ程度でもよいので書くことが肝心です。

即興で演じなければならない場合

例えば、「飲料水のＣＭ」の場合。「缶コーヒーを飲んで何か演技してください」という課題を与えられたら、何を演じればよいのでしょうか。必ず出てくるのは飲むシーンですね。

6 参照：アリストテレース『詩学（松本仁助・岡道男／訳）』岩波文庫 , 2009
アリストテレースは、「劇は何らかの事象を再現することである」と書いている。それは脚本に書かれている何らかの事象を模写することであり、脚本を俳優が演技をする根本であると筆者は考える。

7 参照：北野雅弘『アリストテレス「詩学」訳及び注釈 (1) 1 ～ 3 章』群馬県立女子大学紀要 (36), 2015-02, pp.85-101
アリストテレスの「再現」にはプラトンの概念が強く影響している。

なので、飲むまでの過程を整理すればよいのです。

ト書き　缶コーヒーを開けようとプルトップを引き上げる

固いな

ト書き　女性が近づいてくる

はい、こっちのほうが冷えてるよ

ト書き　照れながら

ありがとう

ト書き　慌てて飲む仕草に女性が笑う

美味しさ2倍だな

と、荒く、ざっと書いてみる。これが重要です。書くことによって、頭の中にある演技を1回文字に起こし、客観視できるからです。少なくとも何もない状態から、箪笥のように整理された（integrity）演技ができるはずです。丁寧に脚本を書くと次ページのようになります。

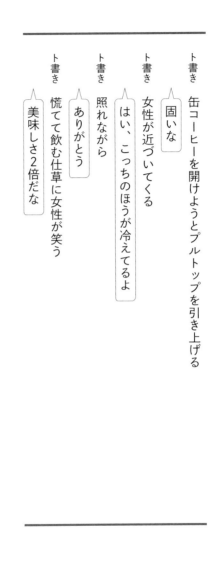

「飲料水のCM」

会社の休憩室にいる男。缶コーヒーを飲もうとしているが缶のプルトップが開かない

男　ん？　固いなぁ。開・か・な・い

女性がハイヒールの音を響かせて男に近づく。男の目の前に缶コーヒーをグッと差し出し、

女　残業？　こっちのほうが冷えてるわよ。頑張ってね、新人君

男　（緊張して）あ、あ、ありがとうございます

勢いよくプルトップを引っ張るとコーヒーがこぼれる。男が手に付いたコーヒーを振り払う仕草を見て、

女　フフフ

と後ろ手に手を振りながら去っていく
独りごちて、

男　美味しさ2倍だな

テレビや映画や舞台のオーディションでシチュエーション課題だけが与えられている場合

「あなたが出演した映画の批評が載っている新聞が届きました。
新聞を見てどうしますか？」

さて、オーディションの現場でこのような課題が渡されたらあなたならどう演じますか。躊躇なく脚本を書きましょう。頭の中で考えているだけではだめです。箇条書きでもよいので紙に書き出すのです。

落ち着かない様子をする
新聞を取りに行く
記事を探す
夢中で読む
落胆する
または喜ぶ

と、書くと書かないとでは大違いです。数分で書けるはずです。頭の中の箪笥からスーツや靴下や下着を取り出すのです。すると、もっとよいアイディアが浮かんできます。

落ち着かない様子をする

- 洋服を裏表逆に着てしまう
- 料理を焦がす
- 箪笥の角に足の小指をぶつけてしまう
- 痛がって屈むとテーブルの角に頭をぶつけてしまう
- その拍子に上から何かが落ちてくる
- 徐々に新聞の存在を思い出す

新聞を取りに行く

- 新聞がない
- 慌てる
- 落ち着いて考えてコンビニまで走る
- 躓いて転ぶ
- 先ほど打った足の小指に激痛が走る
- やっとコンビニに着く
- お金がない
- お金を取りに家に戻る
- すると新聞が届いている

記事を探す

- ●見つからない
- ●載っていないのかとがっかりする
- ●新聞を丸める
- ●部屋の片隅でうずくまる
- ●もしやと思い返して、もう一度、新聞を開く
- ●記事を見つける

夢中で読む

- ●よい記事か悪い記事かもったいぶる
- ●泣く
- ●悪い記事だ
- ●と思わせて満面の笑顔に変化する

何を演じたらよいか目標が見えてきましたね。最初に書いた台本に、自分の創作した細部が付け足されています。これが演技を深いものにします。オーディションに受かるコツでもあります。このように頭の中の素敵なイメージを再現するのが芸術です。

第1幕

Ⅳ

ウォーミングアップをすると
オーディションに受かる

誰もしないからやる

運動する前には準備運動をしますね。あなたが舞台俳優だったら、または運動選手だったら、舞台や競技の本番前にウォーミングアップをするに違いありません。最高のパフォーマンスをしたいならウォーミングアップをするはずです。

しかし、明日の朝にプレゼンテーションをしなければいけないあなたは、その前にウォーミングアップをしますか？　今日、演出家から注意をされ、明日の稽古場でスキルアップしたことを披露しなければならないあなたは、その前にウォーミングアップをしますか？　明日、人生を左右するオーディションがあるあなたは、オーディション本番前にストレッチをしますか？

逆に、ウォーミングアップをしない理由を教えてほしいくらいです。多くのオーディションの審査員をしてきましたが、ウォーミングアップをしている人の少なさには驚かされます。

最善を尽くして天命を待つ

ウォーミングアップをしない人の心理としては、「そこまでして受かろうとしているのが他人に分かるのが恥ずかしい」とか「そこまでして受からなかったらなおさら恥ずかしい」といったものなのでしょうが、「そこまでして受かりましょう」よ。最善を尽くして落ちたのなら、諦めもつきます。自分の人生を左右しようとしているオーディションに照れや、恥や、見栄は邪魔になるだけです。あなたの最高のパフォーマンスを審査してもらいましょう。

余談ですが、筆者は、時間ギリギリにオーディション会場に着いたときほど落ち着いて演じることができました。

緊張のドキドキと恋のドキドキは同じドキドキ

現代の脳科学では、恋をしてときめく「ドキドキ」と、危険な目に遭って心臓が「ドキドキ」することを脳が間違えて認識する[8]ことが分かっています。ウォーミングアップの「ドキドキ」も恋の「ドキドキ」も緊張の「ドキドキ」も脳は一緒だと認識するのです。

[8] 参照：中野信子『脳はどこまでコントロールできるか』ベストセラーズ，2014

ドキドキするウォーミングアップを先にしておくと、脳は恋なのか、緊張なのか、運動をして心臓がドキドキしているのか分からなくなるのです。

オーディションにギリギリ着いた筆者は当然、走っています。うっすらと汗さえかいて、まさにウォーミングアップ完了状態で会場に入ります。このドキドキは緊張ではなく、運動によるドキドキだと脳は誤認しているかもしれません。筆者自身も時間に間に合うかどうか必死で、緊張している余裕はないはずです。

「緊張する余裕」とは変な言い方ですが、例えばすでに先に他の人が表現をしていて、次に自分の順番がくる場合の緊張感と、突然「どうぞ」と指名された緊張感では、後者のほうがドキドキしている暇はないはずです。

余裕をもって会場に到着し、待ち時間があったときなど、かえって緊張してオーディションに臨めなかったりしたものです。だからといって、遅刻ギリギリを推奨しているのではありません。

軽く汗ばむ程度の運動をしましょう

例えば、プレゼンテーションをする会議室やオーディション会場までエレベーターを使わず、階段で上ってみましょう。階段を小刻みに一段一段早く上る。同じ動作の繰り返しなので、ちょっとしたルーティーンでもあるのです。体を温めつつ、緊張もほぐれるよい方法【9】なのでお勧めします。

また、前述しましたが、表情筋をほぐすと同時に緊張感を緩めるウォーミングアップ方法は、とても簡単です。「つくり笑い」でもよいので「笑う」こと【10】です。階段を小走りに上りながら、笑ってみましょう。誰かとすれ違ったら、笑顔で元気にあいさつをしましょう。心も整います。

もう1つ、オリンピックなどの陸上競技で、スタート前の選手が奇妙な動きをしているのを見たことがありませんか？　体を横に振っている動きです。頭を固定して体を左右にふらふら、くねくねさせる動き【11】です。あの動きは脳細胞を刺激し、素早く体を動かせるようにする動きです。

9 参照：中島弘徳、梅崎一郎『アドラー派のサイコドラマに古武術的技法を取りいれたワークの効果について』心身医学, 59 巻 3 号, 2019, pp.212-218

10 参照：玉川優芽、福間美紀、長田京子『無作為比較試験による笑いマッサージのストレスに対する生理的・心理的効果』日本看護研究学会雑誌 39(2), 2016
この研究では、笑顔の効果と「作り笑い」でさえ、緊張をほぐすことに触れている。

11 参照：荒木秀夫『つまずかない、転ばない奇跡のくねくね体操』宝島社, 2018

第1幕

V

藁にもすがりたい方へのまとめ

第１幕では、即効性のある表現力アップの方法を４つ紹介しました。

Ⅰ リハーサルをしましょう
Ⅱ あがらないようにするにはリハーサルをして、観客を敵と思わないようにしましょう
Ⅲ 発表する脚本を書きましょう
Ⅳ ウォーミングアップをしましょう

けれども、これらの方法は表現力を根底からアップさせる方法ではありません。あくまでも即効性に特化したメソッドです。継続させれば身につくものですが、優秀な表現者になるためにはどうしたらよいのか？　第２幕でさらに深く考察したいと思います。

第2幕

私の演劇論
——相原の「演技の気持ち」

どんなに素晴らしいアイディアとイメージを描いても、表現するときに間違って観客に伝わってしまっては困ります。俳優の技術によって、的確にそのイメージを再現しなければなりません。

観世流の流祖である世阿弥は、芸の根本に「物まね」を置きました。そして、古代ギリシャの哲学者・アリストテレスは、戯曲であれ、または喜劇や悲劇に登場する対象物であれ、再現されるものであると定義付けています。

再現されるものは当然ながら「物まね」されるわけです。世阿弥とアリストテレスの共通点を探ると、現実的な演劇論にたどり着きます。

第2幕

I

優秀なる表現者になるために

俳優主体主義について

筆者が俳優のトレーニングを書くにあたって、避けては通れないのが、ロシアの演劇人で「スタニスラフスキー・システム」という演劇理論を提唱したコンスタンティン・スタニスラフスキー（１８６３〜１９３８）と、その教えをアメリカで実践した「グループ・シアター」についての考察です。とても否定的なことを書かなければならないので少々気が重くなります。

だからといって演劇界におけるスタニスラフスキーの「俳優修業」［⑫］の功績が大きいことは筆者も認めているのですが。

スタニスラフスキー・システムとは

では、「スタニスラフスキー・システム」とは、一体どのようなシステムなのでしょうか。俳優を志す人であれば、一度や二度は耳にしたことがあるはずです。一言では収まりきらないのですが、無理やり書くと、「俳優の心に浮かんだ感情をどうやって離れたところにいる観客に伝えるのか」をシステム化した俳優養成の手法です。

⑫参照：コンスタンティン・スタニスラフスキー『俳優修業第１部・第２部（山田肇／訳）』未来社，1955
俳優の頭の中に仮想現実をつくり、俳優が仮想現実の中でリアルな体験をすることを演技の中心に置く。

意外にも、スタニスラフスキー・システムでは東洋の思想であるヨーガや瞑想といった手法がシステムの中核をなしています。

例えば、最初に俳優全員で輪になって座って、緊張が解けるまで瞑想します。次に全員がリラックスをして緊張が解けたと感じたら、「言葉や表情やジェスチャーは使わず」、心に浮かんだ感情を共有しようとエネルギーを外に向けて発します。もちろんそれは見えません。ただ、俳優がそのエネルギーを感じ取れればよいのです。そして、エネルギーを受け取った俳優の内面に起こる変化をもとに台本に書かれている役に近づいていく、というのがスタニスラフスキー・システムの導入部分です。

俳優トレーニングが「俳優の台詞の言い方や動き」を口頭で指導する以外になかった時代に、言語以外の役への取り組み方をシステム化して伝えることができたのはイノベーションでした。スタニスラフスキーがいなければ近代演劇に今日のような発展はなかった【13】と言ってもよいでしょう。

そして、ニューヨークにできた実験劇団「グループ・シアター」がこのシステムを発展させました。グループ・シアターは、リー・ストラスバーグや、サンフォード・マイズナー、ステラ・アドラー（後にグループ・シアターの解散は彼女の脱退が原因になったと言われています）によってつくられました。【14】

その「メソッド演技」（または「メソード演技」）と呼ばれるシステムは、ニューヨーク

⑬参照：楯岡求美『演劇における感情の伝達をめぐって：スタニスラフスキー・システム：形成過程についての一考察』国際文化学研究，神戸大学大学院国際文化学研究科紀要，35, 2010-10, pp.73-100

⑭参照：ステラ・アドラー『魂の演技レッスン 22　輝く俳優になりなさい！（シカ・マッケンジー／訳）』フィルムアート社, 2009
ステラ・アドラーのレッスンの口述筆記された著書。

のアクターズスタジオを中心に展開され、「五感の記憶」（感情の記憶ともいう）に特化した俳優主体主義――と筆者は呼んでいる――を主張し、役を俳優の内面から掘り起こす作業を唱えました（後にステラ・アドラーはリーストラスバーグ、サンフォード・マイズナーと袂を分かつことになります）。

この俳優主体主義のメソッドは、当然俳優の心を捉えます。がっちり掴んで離しません。作品の中心は俳優である自分であり、たとえその役が台詞のない役でも、役に重い軽いはなく平等に重要であると主張するからです。

しかし、本当に俳優の役に重い軽いはないのでしょうか？　ロミオとジュリエットで、町の通行人とロミオとジュリエットの役の重さは一緒でしょうか？

俳優主体主義は、俳優に舞台上で観客に背を向けさせたり、「君たちに何かをさせることが起こるまで、何もするな」［15］と、たとえ芝居が進行しているときにでも俳優の沈黙さえ恐れません。俳優は台詞を言いたくなるまで黙っていてもよいのです。

この俳優主体主義を考察するには、俳優主体主義に決別したステラ・アドラーを研究するとその矛盾点に気づくことができます。ステラ・アドラーは、かつて共にしたメソッド演技を根底から否定し始めます。メソッド演技を口にする俳優に「出て行って。近くに来ないで。腐りすぎているから」［16］と罵倒します。かなりきつい言葉なので驚きますね。

また、リーストラスバーグのメソッド演技の中核である「五感の記憶」に対しても「自

［15］引用：サンフォードマイズナー、D・ロングウェル『サンフォード・マイズナー・オン・アクティング（仲井真嘉子、吉岡富夫／訳）』而立書房，1992

［16］引用：ステラ・アドラー『魂の演技レッスン 22　輝く俳優になりなさい！（シカ・マッケンジー／訳）』フィルムアート社，2009, p.15

分の内面だけを見れば十分といった腐った思考に陥っている人」⑰と揶揄します。かつての朋友「グループ・シアター」の3人に一体、何があったのだろうかと心配にさえなってきます。

一方、ステラ・アドラーのレッスン方法――あえてメソッド演技とは呼ばないでおきますが――にも矛盾点がいくつか発見できます。

「あなたのベストを見せなさい。他人の真似は必要ありません」⑱とオリジナリティーを唱えながら、『私たちはいつも演技をしていました。観察して！ よく見て！ しっかりと見なさい！』そう父は言いました」⑲と観察することや物まねの必要性を述べています。

この俳優主体主義の分裂ともいえる批判や矛盾点は、その理論自体に問題点を抱えているからではないかと考えるのが自然です。後述しますが、筆者は俳優の技術向上には「物まね」が必須であると考えています。

実は筆者も俳優になりたての頃、この俳優主体主義に夢中になりました。すべての演技は自分が中心で自分にすべての表現が内在されていると言われれば興奮もします。しかし2～3年もすると、その魔術から解き放たれることになります。筆者の心を支配していた俳優主体主義が実際の現場では何の役にも立たないことを思い知らされたからです。現場で通用しない理論は空論にすぎません。

⑰引用：ステラ・アドラー『魂の演技レッスン22　輝く俳優になりなさい！（シカ・マッケンジー／訳）』フィルムアート社 , 2009, p.25

⑱引用：ステラ・アドラー『魂の演技レッスン22　輝く俳優になりなさい！（シカ・マッケンジー／訳）』フィルムアート社 , 2009, p.19

⑲引用：ステラ・アドラー『魂の演技レッスン22　輝く俳優になりなさい！（シカ・マッケンジー／訳）』フィルムアート社 , 2009, p.19

expression1

例えば筆者のテキストの表現１（expression1）で俳優主体主義を考察してみましょう。

A　私に何か用？
B　え？　呼び出したのはそっちだろう
A　（ポケットから紙を出して）嘘、ほら屋上に来いって
B　（ポケットから紙を出して）こっちにも、そう書いてあるぜ

俳優主体主義では、

●どこから――（AはBはいま）どこからやってきたのだろうか？
●どこに――（AはBはいま）どこにいるのだろうか？
●何を――（AはBはいま）何をしているところだろうか？
●なぜ――（AはBはいま）なぜそんなことをしているのだろうか？
●いつ――この出来事が起こったのはいつか？　何年、何月、何日、どんな時代か？
●どこへ――（AはBはいま）これからどこへ向かうつもりなのだろうか？

と考え始めます。
一見、素晴らしい。演技の真理が手に入りそうです。ここまでに異論はありません。
次に、

●吹いている風の強さは？
●風に当たった経験を呼び起こし（五感の記憶。五感とは視覚、聴覚、触覚、味覚、嗅覚のこと）

さらに俳優の内面へと意識を持っていき——このあたりから演技の本質から離れていく——、

●ポケットから出した紙の手触りによる俳優の内面の変化
●履いている靴の感触やその色による俳優の内面の変化
●屋上に聞こえてくる風景音を過去の経験から呼び起こしその風景音の中にいる内面の変化

と、俳優の内面を五感の記憶を通して掘り起こしていく——もはや不必要な情報であ

ると言わざるを得ない――

そして、

●動きたくなるまで動かなくてよい。台詞を言いたくなるまで言わなくてよい

と説きます。

俳優主体主義は俳優にとって、常に中心は自分の感情や体験の記憶なので達成感(sence of accomplishment)を得やすいのです。

筆者の経験では、大概の若い俳優たちが、このシステムを実践すると情緒的な芝居になります。泣いたり、叫んだり、怒りや衝動が自分本位になり、舞台上に傲慢で極端な演技であふれているように筆者には見えます。しかし、演じている俳優たちは、自分の演技に陶酔しているので、自分の演技がどう表現されているか気づきません。そこにはチケットを買っていただいたり、時間を割いてテレビ画面の前に座っていただいている観客の存在はありません。

そこで筆者が提唱するのが脚本主義、観客主義です。「主義」と書くと難しい概念のように思えますが、脚本と観客を大切にしましょうといった意味です。

脚本主義、観客主義とは

前述の俳優主体主義と、筆者の提唱する脚本主義、観客主義について比較しながら考えてみましょう。テキストは同じく表現1（expression1）を使います。

expression1

A 私に何か用？
B え？　呼び出したのはそっちだろう
A （ポケットから紙を出して）嘘、ほら屋上に来いって
B （ポケットから紙を出して）こっちにも、そう書いてあるぜ

最初の台詞から考察してみましょう。

A 私に何か用？

この台詞を俳優主体主義では、

●ポケットから出した紙の手触りによる俳優の内面の変化
●履いている靴の感触やその色による俳優の内面の変化
●屋上に聞こえてくる風景音を過去の経験から呼び起こしその風景音の中にいる内面の変化
●動きたくなるまで動かなくてよい。台詞を言いたくなるまで言わなくてよい

と説きます。

果たして、「靴の感触」がどう体に伝わってくるかによって、台詞の表現が変わるでしょうか？　多少は影響するかもしれませんが、それがこのテキストの本質ではありません。それに俳優が、「私に何か用？」と言いたくなるまで待ってはいられません。

筆者が演出するのなら、「戸惑いながら言ってくれるかな」、もしくは「言い出しにくそうに言ってみようか」、または「疑いながら言ってみてはどうだろう」と提案します。ここに怒りや泣き叫ぶことは求めない。脚本を文脈（コンテキスト）に沿って読めば「喧嘩していた２人が第三者によって仲直りすることになった」と解釈するのがスムーズだからです。

B　え？　呼び出したのはそっちだろう

ですから、この台詞も俳優の「五感の記憶」を掘り下げたりしません。文脈から推察して「Bは呼び出されたことを仲直りのチャンスと思っているのに、Aにはそれを察せられないように」とか「無理に不機嫌そうに」したらどうかと提案します。自分の体験の中に同じような感情を探すようなことはしません。文脈に沿って、言葉の意味を俳優と共有しながら表現を探っていきます。

A
（ポケットから紙を出して）嘘、ほら屋上に来いって

この台詞は「意外な言葉が返ってきたので、驚いて」とか「ポケットの紙の証拠を見せて訴えるように」と提案します。俳優の内面に起こる何かを待とうとはしません。

B
（ポケットから紙を出して）こっちにも、そう書いてあるぜ

そして、「さらに驚いて」とか「相手の台詞を聞いて、さらに意外な風に」と提案します。語尾から想像するとAは女性で、Bは男性と推察されます——LGBTを考慮に入れると演ずべき選択肢はかなり増えることになります——。重要なのは文脈を読み取り、いくつかのバリエーションを想定すること。そしてそれを演じる「技術」なのです。これに

ついても詳しくは後述します。

自分の「五感の記憶」にだけ縛られることは危険です。オーセンティックな（真正な）表現から弾き飛ばされ、「無理に他者とは違う演技」や「突拍子もない演技」を選択することに陥ることになります。

この文脈から演技を導く脚本主義や観客主義――筆者はそう呼んでいる――と俳優本位主義の違いを別の角度から考えてみましょう。

俳優主体主義では、「ある演技をする際に自分の記憶の中から感情の種類は近いが経験として別」［20］の感情にアプローチすることになります。殺人者の役をもらったら、究極的には「殺人」の経験はないので、「他人を殴りたいと過去に思ったり感じていた」ことを「殺人」をする役に結びつけなければならないのです。

俳優主体主義では「五感の記憶」を中心に置くので、当然ながら実際に殺人を経験したことのある人に優位性が認められることになります。恐ろしいことです。

しかし筆者は、演技経験のない殺人鬼より、熟練した俳優が演じるそれのほうが芸術的に勝っているのは明確だと考えています。そもそも役は人間に限って書かれているわけではありません。猫になったり、犬になったりしなければならない場合に、自分の「五感の記憶」に頼っていて演技は成立するでしょうか？　筆者たちの感情の記憶に「猫に近い」「犬に近い」「殺人鬼に近い」記憶があるのでしょうか？　たとえあったとしても、それ

［20］引用：中村一規『演技レッスンに関する一考察―演技における“イメージ”という言葉を活字でどう伝えるのか』桜美林論考 , 2018, 人文研究 , p.198

を演技実践の中心に据えてよいものでしょうか？

《図1》を見てください。

俳優も演出家も脚本を読み、独自の解釈を持ちます。そして、各々が演技プランを持つことになります。

俳優のイメージ①と演出家のイメージ②は同じときもありますが異なることがほとんどです。

俳優と演出家は脚本の解釈を統一するために稽古を通して研究し、討論を重ね、実践していきます。これが筆者の理解するところの脚本解釈から演技実践されるまでの流れです。

一方、俳優主体主義を進めていくと、「役になる」という言葉が使われ、俳優の評価にまで影響するようになります。「役になれる」俳優が優れていて「役が降りてこない」俳優は劣っているように評価されるようになってしまいます。

シャーマニズム研究により、民俗学や宗教学の上で憑依が起こる〔㉑〕ことを完全に否定はしませんが、演技に憑依は次の点から否定的な立場であることを述べておきます。

●図1

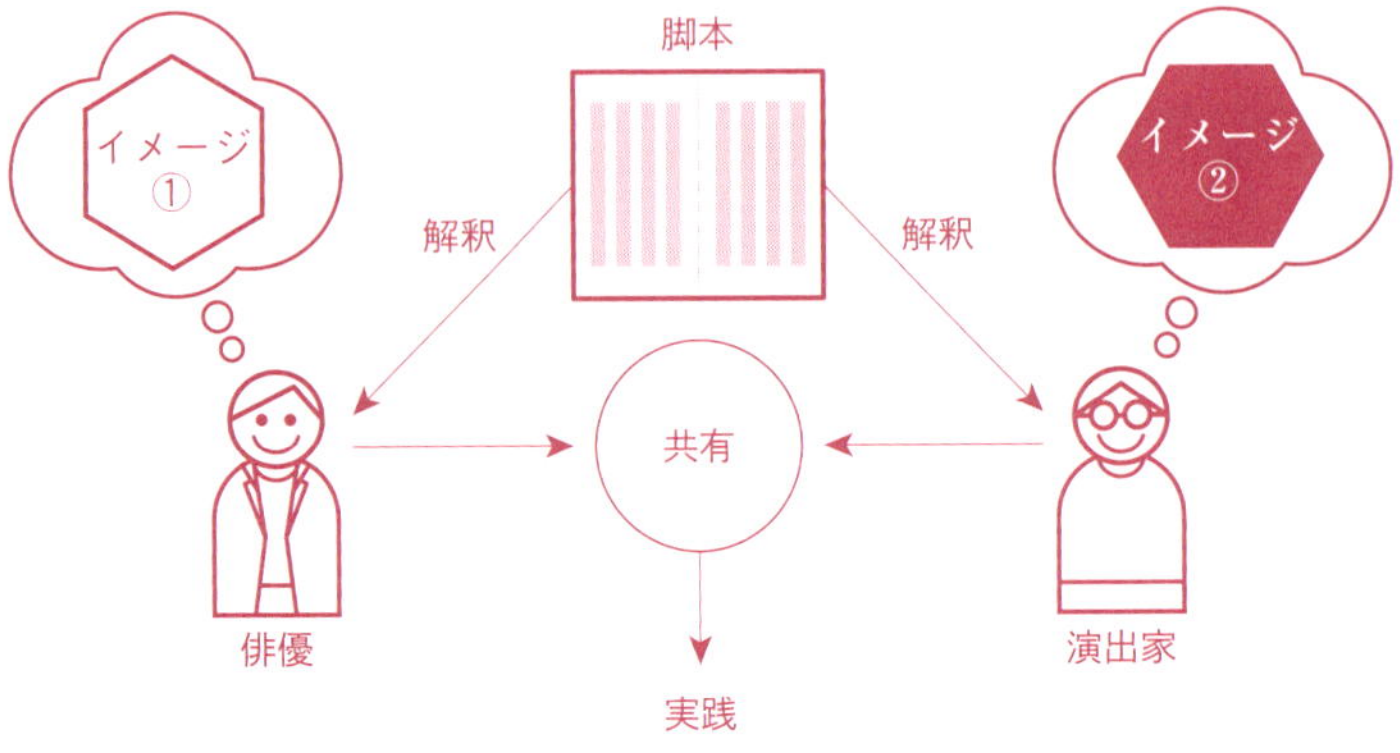

俳優が憑依されるのであればその言語は何なのでしょうか

ハムレットを演じる日本人の俳優が憑依した場合は英語で台詞を言うのでしょうか。そもそもハムレットはデンマークの王子で、英語を日常語として使用するとは限りません。

原作のシェークスピアは英語で書いているのでどちらの言語を選択するのが正しいのか迷います。脚本の中に書かれている「ハムレット役が降りてくるのか」「想像上のデンマーク王子が降りてくるのか」、分かりません。

合図なくしていつ演技を始め、いつ終えるのか

通常、映像では「スタート」の合図により演技を始め、「カット」の合図で演技をやめますが、憑依しているのであれば合図が聞こえませんから、合図に関係なく演じることになります。至極迷惑な話です。

21 引用：花渕馨也『不確かな他者として振舞う技法：衣における政令憑依と自己変容<特集>メタモルフォーシスの人類学』日本文化人類学会 , 74 巻 3 号 , 2009, p.459

殺人者の役が憑依されては困ります

例えばハムレットがレアティーズを過って剣で刺す折に、演技で刺したふりをしないで本当に刺されては困ります。それは犯罪です。

役が降りてくるのであれば台詞を覚える作業がいらなくなります

ひたすら役が降りてくるのを待つか、役が降りてくる研究を優先させなければなりません。そして、役が降りてきた俳優は脚本家が書いた言葉を踏襲しない場合があるということです。

しかし、演技を表現するときは動きを覚えたり、立ち位置を決められたりします。その上で脚本家が書いた台詞を言わなければなりません。相当なストレスがかかっています。そのストレスから解放されたときに脳内物質のドーパミンやアドレナリンが出る【22】ことがあります。

筆者も何度も経験しています。俳優が「不思議な感覚に包まれるあの瞬間」です。演技が終わったにもかかわらず、涙があふれ、抑えきれない感動が俳優を包み込むあの感覚。

【22】参照：鈴木裕仁『ラットにおける咀嚼動態の変化に伴う酸化ストレス誘導に関する研究』北海道医療大学歯学雑誌 , 32 巻 1 号 , 2013, pp.53-63

達成感や得体のしれない満足感、自己肯定感が俳優の心を揺さぶります。ただ、筆者には役は降りてきていませんでした。ジョギングをして時折感じるランナーズハイのようなものだったのです。

映画の撮影シーンを想像してみてください。

スタッフ一同揃っています。キャメラマンはキャメラを覗いてます。その隣で照明さんが明かりのチェックに余念がありません。音響録音スタッフは、役者の台詞やシチュエーションに必要な音を逃さないように、ヘッドフォンに神経を集中しています。

助監督のチーフは時間が押している（撮影時間が伸びている）のでキャスティンググルームから出てきて追廻し（進行を早めようと檄を飛ばすこと）を始めました。セカンド助監督も画面に映り込む俳優の配置や背景の植木を動かしたりして忙しく現場を動き回っています。

サード助監督がカチンコ（シーンナンバーを書き、編集しやすいようにするボード）を叩こうと、監督の号令を待っています。助監督の声が響きます。

「それでは参ります。シーンナンバー＃１０８」

監督がここぞとばかりに

「太陽が沈むまで、キャメラを回せるのはこの1回きりだ。集中して行こう！　ヨーイ、スタート！」

カチンコの音が響く。

「カチーーーン！」

とここで、俳優が、

「すみません。役が降りてこないんで、ちょい待ちでお願いします。役が降りてくるの待ちです」

などと言えるのでしょうか？　言えるものなら言ってもらいたいですが、監督の罵声が飛んでくるのは間違いありません。

「貴様！　お前に役が降りてくるのなんて待っていられるか！」

役になりきった俳優は、なぜだか指示だけはオカルトチックから抜け出し、普通の自分に戻って理解し、ちゃんとした立ち位置に行って、または照明に入って、再び役が降りてきてオカルト的芝居をするのでしょうか？

少なくとも筆者の周りに、役になりきって、台詞を覚えなくてもオカルト的にしゃべることのできる俳優を知りません。みんな、ねじり鉢巻きで台詞を覚えています。

筆者は監督や演出家の指示を無視して（なぜなら役になりきっているので）キャメラの前や舞台に立っている俳優にも出くわしたことがありません。俳優は脚本を読んで「どのように演技をするか」とプランを立てます。そのプランを表現するのが俳優の技術です。台詞は必死に覚えるものです。

筆者のメソッドも「何をどのように演じるか」と考えることから始まります。どうしたら役が降りてくるかといったトレーニングはしません。それは私の仕事ではありません。脚本主義、観客主義とは、俳優が脚本から読み立てたプランを観客に「どう見せるか」であり、「どう感動させることができたか」なのです。そのために俳優は技術を磨く。

さて、それでは演技における技術とは一体どういうことでしょうか。

俳優における技術とは

芸術を英語にすると art ですが、語源をさかのぼるとギリシャ語の technè（テクネ）にたどり着きます（technè ないしは tekhnè と表記されます）。

technè は「古代ギリシアにおいて、広く技術、技巧、技芸一般を指す言葉であり、近代的、現代的な意味での技術・芸術・学問などに相当する」[23] とされました。technè とは勘のいい人なら、英語の technic（テクニック）と結びつけるのはたやすいでしょう。

芸術 art とは、技術 technic のことですと言い切るのは暴論でしょうか。少なくとも古代ギリシャではそのように解釈されていました。

そこで、筆者がここで取り上げたいのは、俳優における技術論です。俳優における技術とは、何をもって言うのでしょうか。

[23] 引用：太西雅一郎『テクネーの問いとギリシア：ハイデガー、ニーチェ、ベンヤミン』成蹊大学経済学部学会 , 第 47 巻第 2 号 , 2016, p.50

第2幕

Ⅱ

俳優における技術とは

技術によって再現されるもの

≪図2≫は、俳優の解釈したイメージが技術によって表現される過程を表しています。俳優は、頭の中のイメージを的確に再現しなければなりません。これは頭の中のバーチャル（架空）なイメージを模倣して、表現されるものです。

しかし現実として、頭の中で考えたバーチャルなイメージと実際に表現されたものには差異が生じることが多いのは私たちがすでに経験していることです。筆者が「バーチャル」と「イメージ」に付け足したのは、私たちが頭の中にイメージするのは本物ではなく、「バーチャル」なイメージだからです。

「山」といったら、人それぞれの「山」をイメージします。イメージされた「山」は人それぞれに違います。富士山をイメージする人もいるでしょうし、エベレストや故郷の山々をイメージする人もいるでしょう。さらに漠然と「山」をイメージする人もいると思います。

そして、その「イメージされた山」は、バーチャルです。頭の中に富士山やエベレストや故郷の山々が存在するわけではありません。頭のイメージはあくまで架空の「山」です。本物は頭蓋骨の中には入りきれません。「川」も同じです。「川」が頭の中を実際に流れるわけではなく、バーチャルにイメージ（以降、バーチャルなイメージはイメージと表記）した架空の「川」が現れるわけです。

●図2　俳優が自分のイメージと表現されたものの差異を知るまで

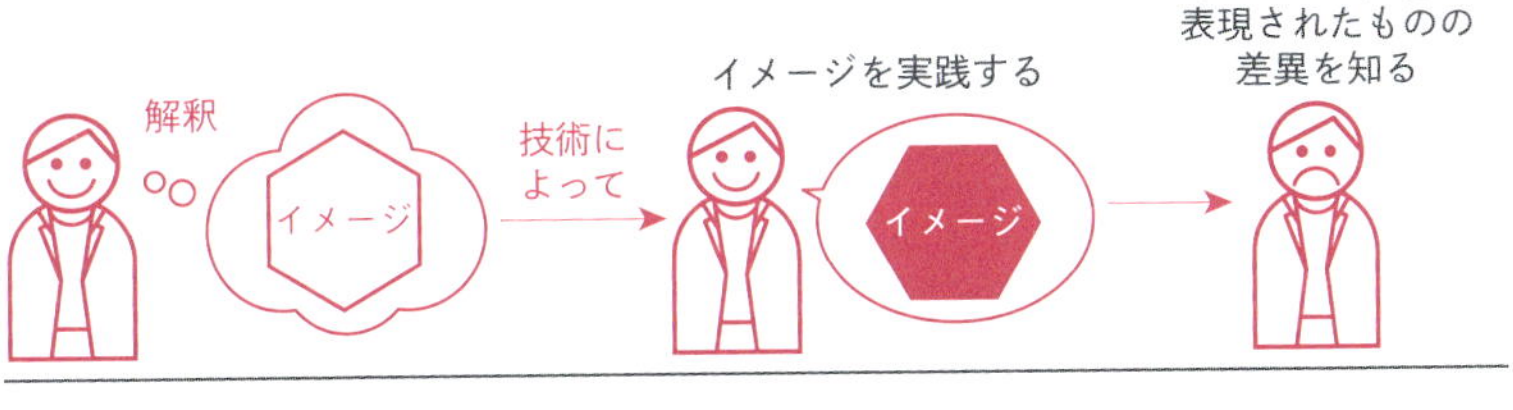

これが感情になると大変です。「愛」も「恋」も形にはなりません。人それぞれ、経験による「愛」や「恋」をイメージするでしょう。「怒り」や「悲しみ」も人それぞれで、過去の経験は本当でも頭の中にあるものはイメージです。俳優はそのイメージを観客に技術で伝えるのが仕事です。

例えば、《図3》のように、頭の中に描いたAというイメージが少し変化して表現される場合があります。頭の中のイメージをそのまま表現したつもりでも、少し違ったものを表現してしまったときです。

自分ではAを表現したつもりでいたのに、撮った映像にはA'の表現が映し出されていたりします。また《図4》のように頭の中に描いたAというイメージが大きくなって表現されることもあるでしょう。よく見られるのが舞台俳優が映像コンテンツに出た場合です。マイクやキャメラといった機材が、俳優の演技にフォーカスを当て、クローズアップして表現されるからです。

逆に《図5》のように小さい表現になる場合もあります。自分では大きな声で台詞を言っているつもりでも、小さかったり、ダンスや身体的表現（ノンバーバル）が委縮などにより小さな表現になる場合です。どれも頭の中のイメージを表現するときに自分の認識と表現されたものが一致しないのです。

理想は《図6》のように、頭の中のイメージと実際に表現されたものの差異がないこ

●図3
頭の中のイメージが少し
変化して表現された場合

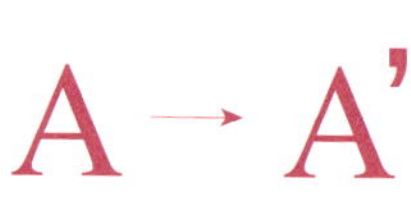

●図4
表現がオーバーになって
表現された場合

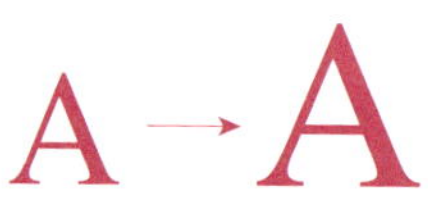

●図5
小さい表現になった場合

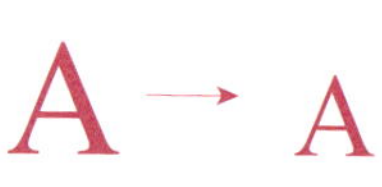

とを優秀な技術といいます。そして俳優がAというイメージを持ったのに、表現Bになっている場合もあります《図7》。

自分では、Aと表現しているつもりでも、Bになってしまってる場合です。動画で撮って見てみると、頭の中でイメージしたものと表現されたものが違う場合があります。

日常生活でも、自分を写真で撮ってみるとよく同じ現象を見ることがあります。

「こんな笑い方してるのか」

「ぎこちない表情だなぁ」

「怒っているみたい」

これも、頭の中でイメージした自分の表情と、実際に表現されて写真に収められたものとの差異といえます。例えば、大工さんが図面通りに組み立てられなかったり、木を削れなかったら、技術がないと言われます。俳優の技術も同じなのです。

習字における技術

習字に例をとってみましょう。お手本を見て習い手たちは筆をとります。お手本に似せるように手を動かし、書いて技術を磨きます。お手本を何度も書き写すことにより筆の運び方を学んでいきます。

●図6
頭のイメージと表現されたものの差異がない場合

●図7
Aを表現したつもりがBになってる場合

絵を描く上での技術

他の芸術はどうでしょうか。例えば絵画はデッサンが基本ですね。デッサンするには目の前に置かれたリンゴやバナナを描き写します。ここに技術が介在するのです。

音楽を演奏する上での技術

音楽ではどうでしょう。楽譜に書かれたものを演奏するのが音楽における技術です。楽譜に書かれた数々の記号を自分のイメージで演奏します。

芸術とはコピー&ペースト

では、芸術とは、前出《図6》のようにAをAと表現するだけのものなのでしょうか？現代的に表現すると、頭の中のイメージや概念をコピー&ペーストをして表現することだけが芸術なのでしょうか？

もちろん、ただコピー＆ペーストすることだけが芸術だとは言いません。そこから芸術は崇高なる領域に到達するために創作が始まると信じています。

しかし、根底にある芸術における技術とは、コピー＆ペーストのように再現することだと考えます。いまでこそ技術革新が進み、「Ａ↓Ａ」がコンピュータの上では簡単になりましたが、これは凄い技術だと思います。

伝統芸能における技術

それでは技術を伝統芸能の視点から考察してみましょう。

例えば歌舞伎です。俳優は自分の師匠から脈々と続く伝統技能を受け継ぎます。踊りや音曲、仕草や目配せまで、子供の頃から何千何万と時間をかけて教え込まれます。姿形や筋肉の付き方が違うので、多少の違いは出てくるでしょうが、師匠の動きや声の出し方を「コピー」するということが技術であることは揺るぎません。師匠から弟子に受け継がれる「型」のコピー＆ペーストです。

世阿弥の物まねについて

歌舞伎より古い伝統芸能に「能楽」があります。その中で隆盛を極めたのが室町時代に観阿弥とその息子の世阿弥を流祖とする「観世流」[24]です。世阿弥は父の観阿弥から受け継いだ「能楽」をさらに成熟させた芸術へと発展させました。

室町幕府の足利義満の寵愛を受け、その過程で、『風姿花伝』という本を著します。写実主義であり、現実主義でもあった世阿弥は、「能楽」という芸能を事細かに分析し、秘伝ともいえる芸の奥義をこの書の中で伝えました。世阿弥は芸の中心にあるのは「物まね」、すなわち写実的な再現であると説きます。

「物まねの品々、筆に尽くしがたし。さりながらこの道の肝要なれば、その品々をいかにもいかにもたしなむべし」[25]

「物まねの品々は筆には尽くしがたい。書いても書ききれない。しかし、この物まねこそ猿楽の道にとって重要なことなので、その品々を深く深く研究するのだ」とあります。猿楽は現代の演劇です。

世阿弥は芸の根本は「物まね」であり、「物まね」を研究することを説いています。さらに、「そのときの物まねの人体ばかりをこそたしなむべけれ」――[26]すなわち「物まねをするときの対象の内面だけに注意して物まねをすればいい」――

[24] 参照：重田みち『「風姿花伝」神儀篇の成立経緯と著述の意図：「申楽」命名説を軸として』日本研究，58巻，2018, pp.51-79
重田によると風姿花伝は別の知識人が書いたとの説もあるが、本書では世阿弥の残した芸術指南書としての意義には揺るぎがないとして参照する。

[25] 引用：林望『すらすら読める風姿花伝』講談社，2003, p.54
風姿花伝の著作権は切れているはずだが、丁寧に書かれているこの本を引用することにした。

[26] 引用：林望『すらすら読める風姿花伝』講談社，2003, p.165

とも書いています。

世阿弥は室町時代から、現代におけるコピーという概念を意識していて、とりわけ、物まねをするときは物まねをする対象物の内面をコピーしなさい［27］と説いています。

アリストテレスと世阿弥の共通点

古代ギリシャの哲学者・アリストテレスは、戯曲であれ詩であれ、または喜劇や悲劇に登場する対象物であれ、再現されるものであると定義づけています。再現されるものは当然、模倣（物まね）されるわけです。俳優のことをドラーン（行為する人）と呼び、これが現代のドラマ（drama）の語源［28］ともなっています。

ドラーンによって再現が行われ、観客に伝える。そして世阿弥も「物まね」を芸の中心に置いています。これでアリストテレスと、世阿弥が一致した芸術論を持っていたことが分かります。

原始的な演劇は、次のような物まねであったと筆者は考えています。

「俺がこっちで仕掛けを持ってイノシシを待ってたら、こいつが急に話しかけてきて、後ろからイノシシが来たかと思って驚いてひっくり返っちゃったのよ」と、面白おかしく

［27］参照：近藤弘子『世阿弥の能作における表現の変化―〈求塚〉〈綾鼓〉〈恋重荷〉〈砧〉に見られる地獄描写を中心に―』横浜国立大学国語・日本語教育学会 , 2019, pp.17-31

［28］参照：高橋久一郎『アリストテレスの『詩学（悲劇論）』における「行為」と「悪」の問題』千葉大学人文研究 = The journal of humanities, 47 巻 , 2018, pp.57-113

観客に再現したに違いありません。家族という観客に笑ってもらえるように再現や物まねを工夫したことでしょう。

実践的なコピー&ペースト

技術論をさらに進めましょう。

舞台や撮影現場で俳優が遭遇するのが、監督や演出家からのイメージの共有です。まずは筆者のテキストの表現2（expression2）を読んでみましょう（括弧の中は語尾を男性の台詞にしてあります）。

expression2

A　約束が違うじゃない！（じゃん！）

B　何よ（だよ）、約束って

A　忘れちゃったの？

B　だから、何のことよ

A　今日は、遊園地に行くって約束したじゃん

B　そうだっけ？
A　ここ、競馬場じゃない！（じゃん！）

２人のダイアログ（会話）になっています。表現２全体を読んで脚本に書かれている文脈を掴みます。文脈を掴む上で、台詞１つ１つについてさまざまな可能性を考えて分析していきます。

Aは「約束が違うじゃない！（じゃん！）」と怒ってます。俳優は怒りについて考えます。イメージを掴もうとします。

●どのくらい怒っていますか。本当は怒っていないのに怒ってるふりをしているだけかもしれません
●怒ってる表情はどのような感じでしょう。もし本当は怒っていないのであれば、微笑んでいるかもしれませんね。いたずらっぽく怒った表情とはどのような感じでしょうか
●声量はどのくらいでしょう。この会話の場所が道路などのオープンスペースなら、周りにいる他人を意識した会話も考えられます

続いてBは、「何よ（だよ）、約束って」

●約束したことを忘れていたのでしょうか

●約束したことを忘れていたのに隠してとぼけているのでしょうか。もしとぼけているのなら、観客にとぼけていることを分からせなければなりません。どの程度、Aに本当に忘れているように言い、どの程度、観客にはとぼけていることを伝えたらよいでしょうか

●約束したことを忘れていて、申し訳なく思っている場合は落ち込んで言わなければならないですね

次のAの台詞は「忘れちゃったの？」

●大切な約束を忘れてしまった相手を叱って言うのでしょうか。どのくらい叱りましょう

●相手が忘れたことを不思議がって言うのでしょうか

●残念がっているかもしれません

●忘れたことを疑って言うのでしょうか（「不思議」がっていることと「疑ってい

る」ことの区別をしましょう)

●つい最近の約束なのに忘れたことに驚いて言うのでしょうか
●忘れた相手にあきらめたように言うのでしょうか
●忘れた相手を突き放すように言うのでしょうか

続けてＢの台詞です。「だから、何のことよ」

●本当に何を言われているのか分からないのでしょうか
●実は忘れていたことを思い出しつつあるのでしょうか
●疑われたことに関して、怒りがこみあげてきていたらどうでしょう
●疑われたことに抗議したいのですが、怒りを隠しながら言うことも考えられます
●開き直って言う場合もありますね
●泣きながら自分の正当性を訴えたらどうでしょう
●その泣きながら言う台詞は嘘泣きということもあります

Aの台詞が続きます。「今日は、遊園地に行くって約束したじゃん」

●相手に訴えかけるように言うとどうでしょう
●不満げに言うとどうでしょう
●甘えるように言う場合も考えられます
●小さい声でブツブツ言う場合もありますね
●明るく、いままでのことはなかったかのように言ったらどうでしょう

次のBの台詞「そうだっけ?」

●思い出したように言ったらどうでしょう
●しらばっくれたらどうでしょう
●自分の間違いを認めて言ったらどうなりますか
●明るく誤魔化すように言ったらどうなるでしょう

次のAの台詞「ここ、競馬場じゃない!(じゃん!)」

●怒りを込めて言いますか
●冗談半分に怒りますか
●真剣に怒った後に笑っちゃいますか
●泣きだしてしまうこともありますね

このように台詞の言い方を考えられるだけ考えてみます。するとイメージが頭の中に浮かんできます。まるで映画を観ているように客観的な映像がイメージされてきていたら優秀なる表現者に近づいています。

おそらく、AとBは仲のよい2人です。他愛もない2人の喧嘩と受けとめるとすんなり文脈が読み取れます。俳優主体主義であれば、このカップルの「五感の記憶」を呼び起こし、路上の2人になろうと試みます。

実際の現場では、俳優が役になるのを待ってくれません。自分の頭の中のイメージを物まねし、自分の優れた技術を用い、再現させなければならないのです。観客（評価者）にどのように見えるかが重要で、俳優AとBの「五感の記憶」は重要ではありません。たとえ、俳優AとBに素晴らしい「五感の記憶」が呼び出されても、それを表現できなければ何の意味もありません。あなたの「五感の記憶」は素晴らしいという評価はないのです。表現されたものがすべてです。

悪いことに世の中の演出家はひねくれています。「他愛もない2人の喧嘩」と文脈を読み取った俳優AとBに、次のように言い放ちました。

「この2人が不治の病にかかっていて、やっと病院から外出許可が取れたというシチュエーションにしよう。競馬場の入り口付近には救急車を用意して、両親も隠れて見守っている。2人はこれがおそらく最後の外出だと分かっていることにする。さあ、2人の台詞はどう変化するか」

俳優主体主義を主張している人たちは「見つけるべき自分の中の五感の記憶」をすぐさま変更しなければなりません。「不治の病」の記憶はないので、高熱を出した風邪のときの五感の記憶を頼りにするのでしょうか。

筆者の主張する脚本主義、観客主義では「脚本の解釈が変更」されたのであって、観客へ「不治の病の2人の会話」という新しい頭の中のイメージを物まねし、再現されればよいという考えです。

脚本主義、観客主義の技術とは俳優や演出家が抱いたイメージをコピー&ペーストして観客に表現できるかどうかです。

もう一度、筆者の表現2（expression2）のテキストを使用してみましょう。

expression2

A

約束が違うじゃない！（じゃん！）

Ｂ　何よ（だよ）、約束って
Ａ　忘れちゃったの？
Ｂ　だから、何のことよ
Ａ　今日は、遊園地に行くって約束したじゃん
Ｂ　そうだっけ？
Ａ　ここ、競馬場じゃない！（じゃん！）

２人は不治の病です。２人とも最後の外出と知っていながら、喧嘩を始めました。でもそれは、本気ではありません。２人にとってはどこに行こうがよかったのです。競馬場の入り口では、両親も心配そうに見守っています。入場係の人も２人が不治の病であることは知っています。そして、競馬場に来ているお客さん全員も２人の事情を知っています。

本当は怒ってないが、すねた素振りで、

Ａ　約束が違うじゃない！（じゃん！）

相手が怒っているのを気にせず、今日は思い切り楽しもうとして、

B 何よ（だよ）、約束って

自分たちの最後の外出を楽しもうと思って、ふざけるように、

A 忘れちゃったの？

この台詞は、「アイラブユー」に聞こえたい。そして死の恐怖に立ち向かっている感じで、

B だから、何のことよ

相手の「アイラブユー」を受け止めたが、気づかないふりをして、

A 今日は、遊園地に行くって約束したじゃん

自分が「アイラブユー」と言ったことに照れて、

B そうだっけ？

怒っているように聞こえるが「自分もアイラブユー」と応えたことが伝わるように、

A ここ、競馬場じゃない！（じゃん！）

ずいぶんと文脈が変わりました。同じ台詞なのに、文脈が変わると観客に伝えなければならない内容も変わります。そして、演出家からのシチュエーション変更はこれだけではありません。ＡとＢは人間ではなく、猫だったらどうでしょう。宗教劇によっては神を演じなければならない［29］ときもあります。神の領域を人間の「五感の記憶」でどのように演じるというのでしょうか。

繰り返しますが、優秀なる俳優は、その都度、文脈から演技プランというイメージを頭で描き、それを優れた技術で再現します。

イメージを再現することの繰り返しによって、俳優の技術は向上していきます。それは人間が歩行を習得するのと同じように、脳が覚えていくからです。歩くときに「右足を出して、次に左足を出して」と考えなくてもいいように、また、練習を重ねて自転車に乗れるようになると何年経っても忘れないように、俳優も体にイメージの再現を沁み込ませていきます。いつしか、この経験の蓄積によって、イメージすることから再現するまでの時間は短縮されます。

演出家からの要求にすぐに応えられる俳優はイメージから再現までの時間が短い俳優と言えます。一般には、「ダメ呑み込みが早いね」と言われます。

[29] 参照：柳光子『ラシーヌの宗教劇における人物設定』九州フランス文学会，26巻，1991, pp.33-49

第3幕

優秀なる表現者になるための8つのメソッド

俳優の基礎において技術の中心は、コピー&ペーストであると述べてきました。

その中でも注意しなければならない点がいくつかあります。

第3幕では俳優の技術について詳しく考察していくとともに、技術向上に有効なメソッドを8つ紹介していくことにします。

俳優にとって最初にもらった台詞は忘れることができません。

筆者もしっかり覚えています。

「じゃあ、お父さん、行くからね」[30]でした。

30年以上も前の台詞を覚えているのです。

いかに、俳優と台詞が密接な関係であるか分かると思います。

それほど、俳優にとって大切な「台詞」とは一体何なのでしょうか。

[30] 引用：山田太一『ラヴ』中央公論社 , 1986, p3

第3幕

I

台詞とは何か

「今日はいい天気ですね」、という台詞について考えてみましょう。

この台詞には「いい天気」であるという事実が書かれてます。しかし、俳優の台詞の言い方や動作次第で、「今日はいい天気だから日に焼けてしまう」という表現にもなります。「そろそろ雨が降らないと作物が枯れてしまうので、残念だ」という表現にもなり得ます。

台詞というものは、「脚本家によって書かれた事実」という一面と、「台詞の言い方によって伝わり方が違う」宿命にあります。[31] 観客の理解の仕方によってはまったく違った意味に解釈されることさえあります。

脚本家は「今日はいい天気だ」と事実を書いたのに、俳優の技術がない場合や解釈の違いで、「晴れちゃったよ、参ったな」という表現になってしまい、さらに観客によっては「明日は雨になるから傘を用意しよう」と受け取るかもしれないのです。

観客の受け取り方までは知る由もありませんが、少なくとも俳優は自分の頭の中にあるイメージを優秀なる物まねによって再現させる技術を磨くべきだと思います。

頭の中のイメージを、優秀なる物まねによって再現できる人を「表現力のある人」と言います。

表現は英語では express と書きます。ex（外に）press（押し出す）という意味です。外に押し出されるものはもちろん、頭で描いたイメージです。

イメージは演出家のイメージとの擦り合わせにより共有できますので、暴論ですが、俳

[31] 参照：J.L オースティン『言語と行為（坂本百大／訳）』大修館書店，1978

優が何も考えていなくても、演出家からのイメージをそのままコピーして自分の脳にペーストすればよいとも言えます。もちろん、演出家のイメージを理解して、そのイメージを自分の脳にコピー&ペーストができることも大切な技術です。

上手く聞こえる台詞の際立たせ方

どんなに素晴らしいアイディアとイメージを頭の中に描いても、表現するときに間違って観客に伝わってしまっては困ります。

しかし、同じ台詞なのに意味が違ってくる場合があります。さらに、シチュエーションが変われば文脈も変わります。そうなれば、伝えなければならない文意も変化します。次の例ならどうでしょう。

「私はあなたを愛しています」

この台詞を、「全員があなたを嫌っているけれど私はあなたを愛している」という場合は、「私」を際立たせて（強調して）言います《図8》。図中の太線は音階だと思ってください。

●図8
強調／「私は」を際立たせる場合

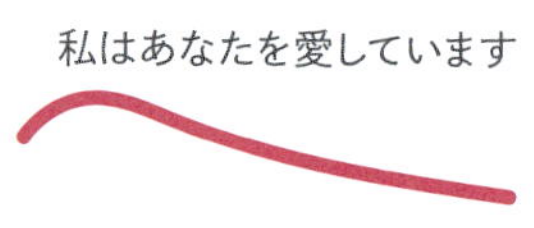
私はあなたを愛しています

●図9
強調／「あなたを」を際立たせる場合

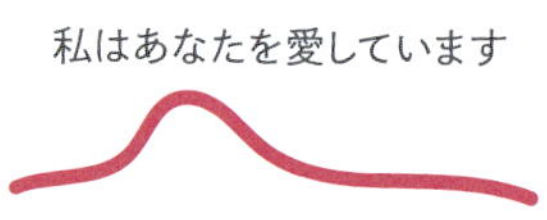
私はあなたを愛しています

また、沢山人間はいるが、「あなたを特別に他の人間から区別して愛している」という場合は、「あなたを」を際立たせて言います≪図９≫。そして、「私はあなたを嫌いではなく愛している」という場合は、「愛しています」を際立たせます≪図10≫。

これを「台詞の弁別性」と言います。同じ台詞なのですが、言い方によって意味が変わってきます。頭の中でイメージしたものを正確な技術で表現するにはとても重要なファクターです。往々にして、台詞の弁別性ができていないと下手に聞こえてしまいます。文意が間違って伝わってしまうからです。一番悪い例が、「段々畑」のように半音ずつ文節で音が上がっていく言い方です≪図11≫。

この半音上がりの台詞の言い方は、日常生活では頻繁に使われています。しかし、演劇は日常生活に埋没して演じるものではありません。意味があって、台詞は書かれているはずです。それがたった一言の台詞であってもです。

この半音上がりの段々畑のような言い方をすると台詞の文意がぼやけて伝わってしまいます。

せっかく素晴らしいアイディアやイメージを浮かべることができても、表現が文意とずれたのでは完全なコピー&ペーストとは言えません。

一般に、この半音上がりの台詞は「台詞を唄っている」と言われます。表現すべき感情が見えなくなって役者が気持ちよく歌を唄うように言っているにすぎないというわけです。

●図 10
強調／「愛しています」を際立たせる場合

私はあなたを愛しています

●図 11
強調／弁別性ができていない言い方

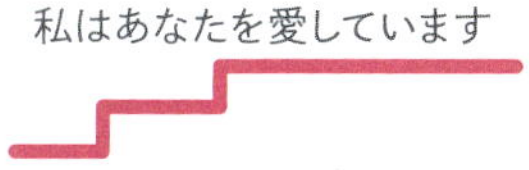
私はあなたを愛しています

文脈から、何を強調すべきかよく考えてイメージを持ち、物まねし、再現することが優秀なる表現者になる道です。

世阿弥が提唱する物まねの奥義

脚本の解釈が単調になったことはありませんか？　頭の中のイメージが劇的ではなくなって浮かんでくるときです。往々にして、日常を求めると陥ります。

私たちが衝撃的な出会いをしたりすると、「今日はドラマチック（dramatic）な出会いをした」と言いますね。「ドラマチック」とは「演劇的な」という意味です。つまり、演劇的なものはドラマチックで衝撃的で、日常では味わえない特別なものなのです。

ですから、俳優の表現も演劇的でドラマチックでなくてはなりません。日常性を求めては演劇的ではないのです。

ただ、俳優の表現が「他人である脚本家が書いた台詞なのに自発的に言っているように」見えるときがあります。主に、会話のやり取りの中に見受けられ、一般的には「自然な会話」と言われます。

「自然な会話」は鍛錬を重ねた技術の結果の上に成り立っています。一見、「自然な会話」

に見えても、元になる俳優の頭の中のイメージは「自然」とは遠いところにあります。鍛錬に鍛錬を重ねた上で再現されたものが観客には自然に見えるだけなのです。どうすれば自然とは遠いところにある会話を自然に言っているように見えるようになるかは後述します。

さて、世阿弥の書いた『風姿花伝』の中に、世阿弥が説いた写実主義の中でも特に筆者が感動し、影響された部分があります。

「怒れる風体にせん時は、柔らかなる心を忘るべからず。これ、いかに怒るとも麁《あら》かるまじき手だてなり。怒れるに柔らかなる心を持つこと、珍しき理なり」［32］

筆者の意訳では、

「怒りの物まねをするときには優しい心を忘れてはいけない。これはどんなに怒る物まねをしても粗い物まねに見えない方法である。怒った物まねに優しい心を入れることは珍しいことの真理である」となります。

世阿弥の「物まね」は内面をまねるのです。怒りを再現するときには反対の感情である優しさが入り込むのがよいと書かれています。

筆者がこの言葉を目にしたとき、いままでもやもやしていたものが明瞭になったのをよく覚えています。

演技プランが単調になったときは、この節を思い出し、イメージを立てました。明るい

［32］引用：林望『すらすら読める風姿花伝』講談社 , 2003, p.173
世阿弥は売れる俳優の条件として珍しく、面白く、花のある俳優であることを条件にあげている。これも重要なことである。

には暗いが意識されなければならず、楽しみには悲しみを意識すると、再現が深いものになりました。これも後にメソッドとして詳しく紹介します。

上手く聞こえる台詞の言い方

頭の中でイメージをつくってそれを再現するにしても、文脈を読み取ることが肝心であることは、疑いの余地がありません。では、どこを際立たせれば正確な文意が伝わるのでしょう。正確に文意が伝われば、台詞は上手く聞こえるはずです。先に述べた弁別性以外にもあるはずです。音声学の観点から考察してみましょう。

筆者のテキストの表現3（expression3）を使って考察してみます（括弧の中は語尾を男性の台詞にしてあります）。

expression3

A 私（俺）のことなんか放っておいて！（くれ！）

B 駄目よ（だよ）病気なんだから、ちゃんと病院に行かなきゃ・・・

A もういいの（んだ）・・・どうせ治りはしないんだから

B　ちゃんとリハビリすれば治るって先生が・・・

A　このままでいいの！（んだ！）お節介はやめて！（くれ！）

B　いま、頑張らないと、一生歩けなくなっちゃうのよ！（んだぜ！）

設定

Aは病気による障害を足に持っている。Bは病院に行ってリハビリをすればよくなると説得するが、Aは足が動かないことに苛立っている

演出家が突拍子もないことを言い出さないかぎり、最初のAの台詞の強調の仕方の注意点は、「私（俺）のこと」を1つの言葉と認識するところにあります。まるで、看板に「私（俺）のこと」と書かれているように読んでみましょう≪図12≫。

厳密には「わたしのこと」は「わたし」「の」「こと」と分かれています。

●図 12
文節を繋いで１つの言葉として意識する

私のことなんか放っておいて！

●図 13
厳密には平板型は「わたし」の２拍目を上げる

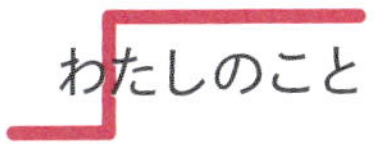

●図 14
なるべく言葉を繋げて言う

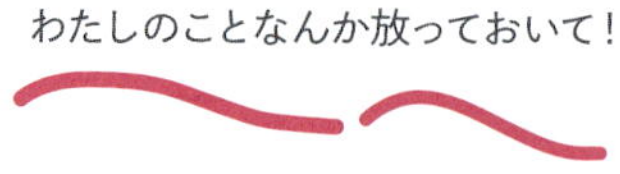
わたしのことなんか放っておいて！

●図 15
段々畑で唄ってしまう台詞の言い方

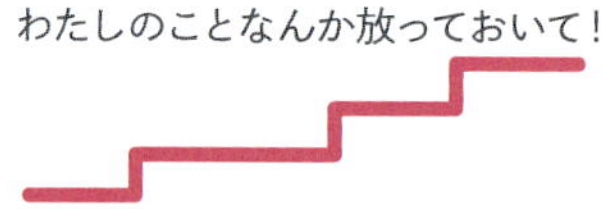
わたしのことなんか放っておいて！

「わたし」のイントネーションに注目すれば、「わたし」は平板型で2拍目の「た」が上がる[33]のですが、あえて「わたしのこと」までで1つの言葉と意識して言い、1つ1つの言葉のイントネーションよりも、「1つの繋がりのある言葉」であることを意識するようにトレーニングしましょう≪図13≫。

この台詞は「わたしのことなんか」と「放っておいて」の2つの言葉と捉えるとよいと思います≪図14≫。

下手に聞こえる言い方は、段々畑のように文節ごとに区切って半音上がって「唄って」しまう言い方です。

一義的な文意としては「本当は私のことを助けてもらいたい。だけどどうにもならない状況に投げやりになっている」と読み取れます。

しかし、段々畑の半音上がりでは、「本当は自分のことを助けてもらいたい」という文意がぼやけてしまいます≪図15≫。

次のBの台詞はどうでしょうか。

[33] 参照：松村明『スーパー大辞林 3.0』三省堂，2006-2008

B

駄目よ（だよ）病気なんだから、ちゃんと病院に行かなきゃ・・・

陥りがちなのは「ちゃんと病院に行かなきゃ」の部分の台詞です。下手に聞こえるのは半音上がりの段々畑です≪図16≫。

半音上がりの段々畑のように言ってしまうと「病院に行ってないことの批判」が文意の中心になってしまいます。この台詞で表現したいことは「病院に行って積極的に治そう」という文意のはずです。

●図 16
病院に行ってないことを
批判しているように聞こえる

●図 17
病院に行って積極的に治そう

音の高さでは≪図17≫のようになります。

「ちゃんと病院に行く」と１つの言葉として捉えるようにしましょう。はじめは「文節に区切られている言葉を１つの言葉として捉える」のは耳が慣れませんが、徐々に慣れてきます。まずは、半音上がりの段々畑にならないように注意しましょう。

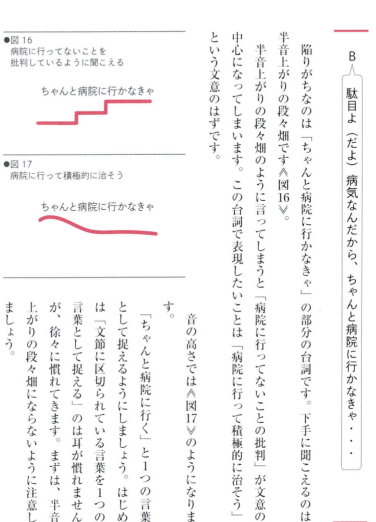

次のAの台詞。

A「もういいの（んだ）・・・どうせ治りはしないんだから」

この台詞はどうでしょうか。陥りがちなのは、「どうせ治りはしないんだから」の部分です。《図18》のように言ってしまうと「治ることを諦めている」文意が中心になってしまいます。

しかし、文意は「自棄になって」言っていることが中心であるはずです。

さらに、世阿弥が説くように「怒り」には「優しさ」の心を持つのが物まねをする上で大切なので、この台詞は「治りはしない」という文意の中に「治りたい」という相反する文意を入れると表現が深くなります。

音の高さに注目すると、《図19》のよ

●図 18
治ることを諦めているようにだけ聞こえる

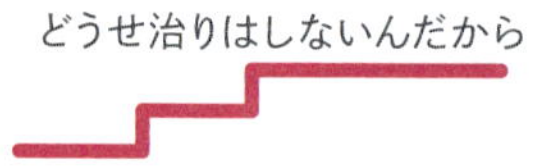
どうせ治りはしないんだから

●図 19
音の高さに注目すると

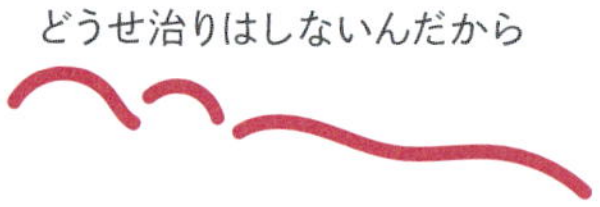
どうせ治りはしないんだから

うに言えば「どんなに治そうと思っても治りはしない、けれど、本当は治りたい」という文意も表現され上手く聞こえます。何度も繰り返しますが、半音上がりの段々畑のようには言わないことです。

次のBの台詞。

B　ちゃんとリハビリすれば治るって先生が・・・

悪い例は段々畑の半音上がりです≪図20≫。上手く聞こえる台詞は「ちゃんとリハビリすれば」と「治るって先生が」との2つの言葉と認識することです≪図21≫。

ここでは「ちゃんと」と「治る」が特に強調されるべき言葉です。特に「ちゃんと」を強調するといまのままでは治らないという文意がより伝わってきます。

●図20
段々畑の半音上がりに注意

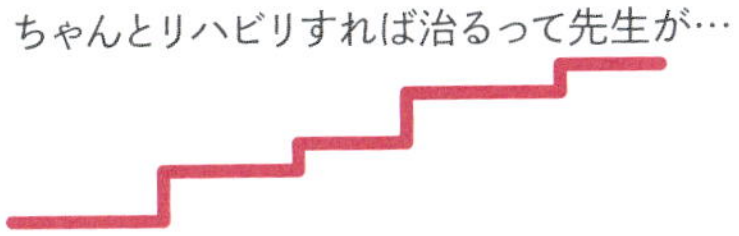

●図21
2つの文意と認識し、強調する言葉を選ぶ

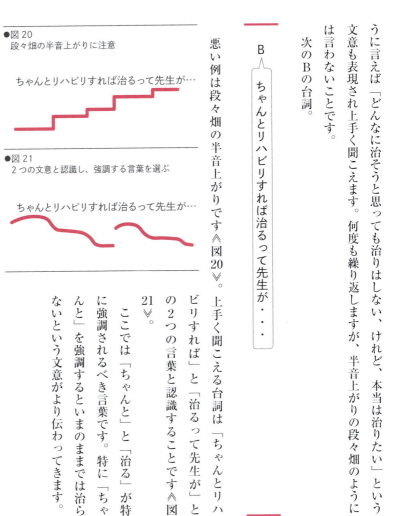

次のAの台詞。

A
このままでいいの！（んだ！）お節介はやめて！（くれ！）

悪い例は段々畑の半音上がり≪図22≫。

このように半音上がりで言うと、「このままでいいの」が「ただ単に諦めた」文意になってしまいます。「お節介はやめて」も、文意として伝えたいのは「あなたのしていることは余計なことなの」ですがぼやけてしまします。「何をやめて欲しい」のかが明確に強調されていないからです。

●図22
文意がぼやける段々畑の半音上がり

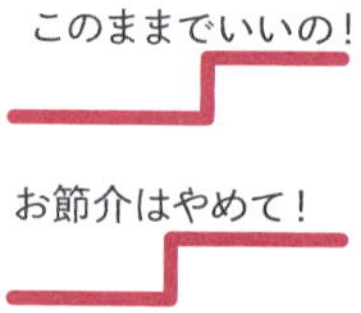

このままでいいの！
お節介はやめて！

●図23
文頭に強調する部分があると発見し実践する

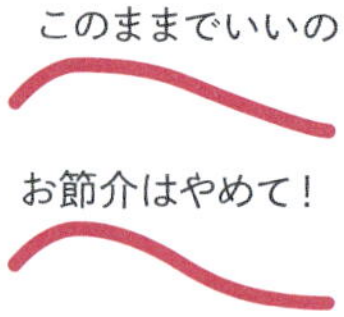

このままでいいの！
お節介はやめて！

上手く聞こえる台詞の言い方は、≪図23≫のように文頭にアクセントを置き、段々畑の半音上がりにならないようにすることです。

≪図22≫と≪図23≫の言い方の違いを区別してください。≪図23≫のように言うとAの強い意志が感じられます。「お節介はやめて」と、1

つの言葉と意識すると、文意が伝わります。

最後のBの台詞。

B　いま、頑張らないと、一生歩けなくなっちゃうのよ！（んだぜ！）

悪い例は段々畑の半音上がりです《図24》。

「いますぐに病院に行ってリハビリをしよう」という文意がぼやけてしまいます。さらに、「一生歩けなくなってしまう」という文意も一生歩けなくなることをすでに認めているように聞こえます。

●図 24
段々畑の半音上がりを発見しましょう

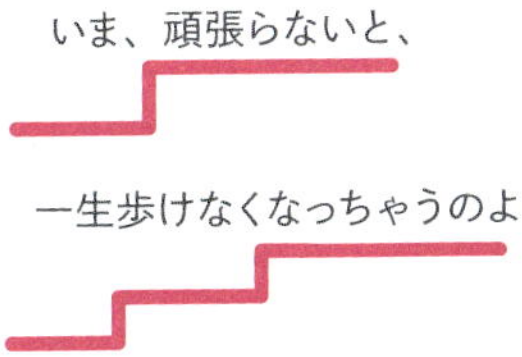

●図 25
「いま」と「一生」に強調を置き
なるべく言葉をつなげる

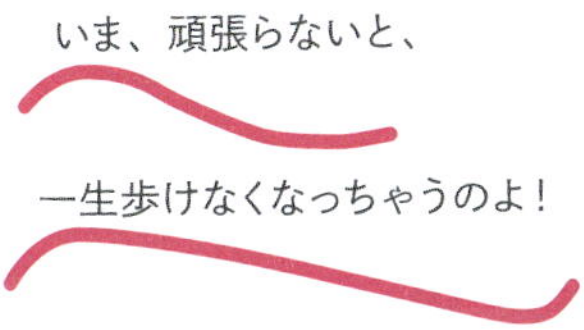

「いま」と「一生」という言葉を強調すると正しい文意の表現になります《図25》。

筆者の表現３（expression3）は、半音上がりの段々畑に気づけるように書いたテキストです。半音上がりの段々畑にならないように脳に沁み込ませてください。

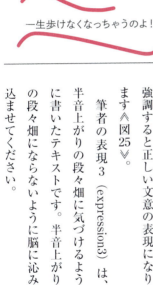

台詞は自然下降する

これまでの図≪8〜25≫を見て、段々畑の半音上がり以外の台詞は「音程が自然に下降する」ということに気づくと思います。台詞は疑問や感嘆詞や、相手に質問している場合などを除くと、「音程が自然に下降する」という特徴があります。

劇の中で会話をするのが下手に聞こえてしまう人は、「相手の台詞を聞いていない」とか「相手に影響を受けていない」といった指摘をされると思います。

そのような俳優は、相手の台詞は聞いているのですが、音を聞いていないのです。自然降下してくる台詞の音程をキャッチしていないと言ってもよいかもしれません。相手の俳優が、どんな音程で台詞を言ってきても、自分の言う台詞をどの音程で言うのかすでに決めているのです。

台詞を自然な会話にするには

筆者は、演劇は自然なものではないと述べました。日常を表現するのではなく、ドラマチックな表現をするのが演劇なのです。

34 参照：窪薗晴夫、田中真一『日本語の発音教室』くろしお出版 , 1999

35 参照：河野俊之、串田真知子、築地伸美、松崎寛『1 日 10 分の発音練習』くろしお出版 , 2004

36 参照：郡史郎『プロソディーの自律性ーフレージングを定める規則について』『言語』21(9) 大修館 , 1992, pp.22-30

37 参照：郡史郎『日本語のイントネーションー型と機能ー「日本語音声 2 アクセント・イントネーション・リズムとポーズ」』三省堂 , 1997, pp.169-202

なのに「会話が自然ではない」という指摘を受ける俳優が多々います。前述しましたが、俳優が台詞を言うときには結果として「自然」な表現になりますが、「自然」であることが第一目的ではなく、鍛錬に鍛錬を重ねた上で再現されたものがたまたま観客（評価者）には「自然」に見えるだけです。

演劇を始めたばかりの人で、「距離感がない」とか「相手に台詞が届いていない」と言われている人は多いと思います。どうすれば「自然な会話」をしているように表現できるのでしょう。次ページからいくつかの症状に合わせて、８つのメソッドを紹介します。【34－39】

38 参照：金珠『音声の「視覚化」による日本語の韻律指導』大阪大学日本語日本文化教育センター授業研究, 17 巻, 2019, pp.9-27

39 参照：水野りか、松井孝雄『音韻的親近性の異なる日本語同音異義語の処理への文脈の影響』中部大学人文学部研究論集, 38 巻, 2017, pp.1-11

第3幕

II

❶ 音程メソッド

会話が自然に聞こえないのは、相手が発した台詞の音程と自分の音程が合わないからです。ほんの少し、相手の音程に気を遣ってあげると、問題は解決します。
自然な会話に聞こえない人は、まずこのメソッドを使ってみてください。筆者の表現4（expression4）のテキストを使って練習してみましょう。

expression4

A 「今度生まれてくるとしたら○○になりたい（Aの台詞の○○には何を入れてもよい）」

B 「なんで？」

重要なのはBの台詞の「なんで？」です。相手の言っている台詞に質問を返します。質問を返すということは必然的に台詞を言ったAに興味を抱いていることになります。人は興味のないことに質問を返しませんので。
このときに、Aの台詞の末尾の音程を意識します。意識できたら「なんで？」と聞き返します《図26》。
重要なのは、点線部分を意識するかしないかです。点線部分は「末尾の音程は自然に下降したらこの音程になる」と頭の中でイメージする部分です。

●図26　台詞を音程と捉え、末尾の音程に意識を持っていく

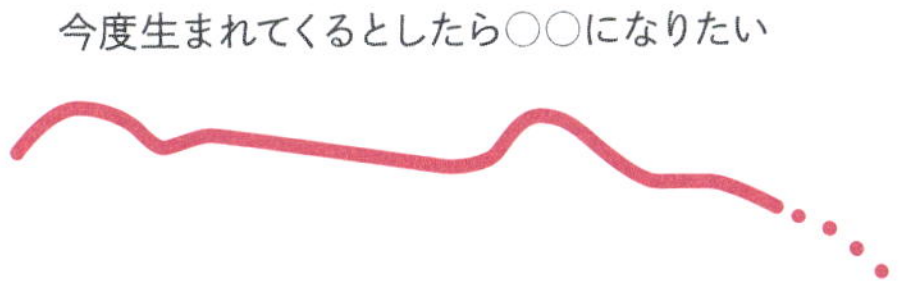

最初は点線部が間になるはずです。間を恐れず、たっぷり間をとって「なんで?」と台詞を言ってください《図27》。

初めてこのメソッドをやると、間を怖がってすぐに「なんで?」と台詞を返してしまう俳優がいるのですが、自然な会話になるには、Aの台詞の下降してくる音程を追いかけることが重要です。人間の会話の音程は自然下降すると脳に刻み込まれているからです。

そして、言い終わった台詞の音程からさらに台詞は自然下降して行くとイメージしましょう。イメージの下降していく放物線に沿って音程を意識することがこのメソッドの重要な部分です。

相手の台詞の下降してくる音程とその先にある音程をキャッチすることに集中しましょう。

音程を追いかける時間はAの台詞が終わってから3秒以上かけてください。Aの台詞が終わって(expression4 の場合「生まれたい」です)自然下降してくる台詞の音程の3秒後の音程をイメージしてください。イメージできたらBの台詞の「なんで?」がやっと発せられます。

台詞を交互に代えたり相手を変えて、何度もやりましょう。見ている観客は、このAとBの会話が自然になっていく過程に立ち会えるはずです。A役の俳優は○○を変えることによって、台詞の勢いや伝えるべき文意を変えていきましょう。

●図27 台詞の音程をイメージする

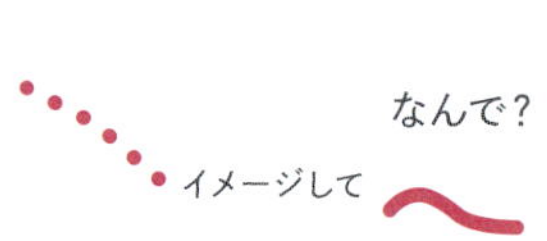

Ｂ役は相手を変え、繰り返しやることによって台詞の自然下降してくるイメージを何パターンもやることになります。早い人なら数回、遅い人でも数分で自然な会話を体験できます。体験できるだけであって、完成するとは言いませんが。

演劇的な「自然な会話」とはそれを演出家や観客が「私だったらこの音程で応える」というイメージを再現できるかどうかです。

そして、何回かこのメソッドを続けていくと、「台詞を受ける」こともできるようになってきます。「君は相手の台詞を受けていない」と言われたことがありませんか？「台詞を受ける」とか「相手の影響を受ける」というのは、演劇用語でよく使われますが、不確かな言葉です。実は自分の台詞の前に自分の反応をつけて台詞を言うかどうかなのです。

簡単に言えば、リアクション＋自分の台詞を言えばよいのです《図28》。

リアクションはノンバーバルを最初につけると覚えてください。具体的には、口元に笑みを浮かべたり、驚いた顔をしたりした表情の後に、自分の台詞を言えばよいのです。

この場合は、

①相手の音程に気をつける

A
今度生まれてくるとしたら、また私に生まれたい

●図28
台詞を受けるというのは自分の台詞の前にリアクションをつけること

②台詞の自然下降をイメージして
③リアクションをノンバーバルでして
④自分の台詞を言う
⑤「なんで？」

ということになります。

相手の影響を受けるということをとても難しく考えてしまう人がいますが、例えば台風の影響を受けると言われたら、「風が強くて電車が止まる」「雨が凄いので傘が役に立たない」というように、対象物が何かしてきたことに対して行動することを言います。台詞の文意に対して何かリアクションをすれば、影響を受けたように見えます。

リアクション（reaction）とはre（ものが返ってくる）＋action（行動）という意味なので、難しく考えないでください。例えば、ただ単にリアクションを取ったらどうなるでしょうか。実験してみましょう。

A「今度生まれてくるとしたら、猿になりたい」
①相手の音程に気をつける

②台詞の自然下降をイメージして
③サッカーのボールを蹴って
④自分の台詞を言う
⑤「なんで？」

ここではリアクションは表情ではなく、行動です。サッカーのボールを蹴った部分です。するとどうなりますか？　一義的には台詞とは関係なくサッカーボールを蹴るのですから、「関心がない」ように表現されますが、観客には逆に物凄く「関心がある」ように見えます。

無理に聞いていないふりをしていると受け取られるからです。

リアクションをとるということは相手の芝居を受けて反応を返すことです。相手の芝居にリアクションを返すことこそ影響を受けたと言ってもよいと思います。

受け芝居に対するさらなる考察

筆者は受け芝居には3つのパターンがあると考えています。

1つは「上受け（うわうけ）芝居」です。

上受け芝居とは

相手の台詞の自然下降をイメージしたら、自分の台詞の音程は相手の台詞の音程のイメージより高く出ます《図29》。流れは一緒です。音を追いかけて3秒以上間を取って台詞を言うのを忘れないでください。

●図29　上受け（台詞の音を高く発する）

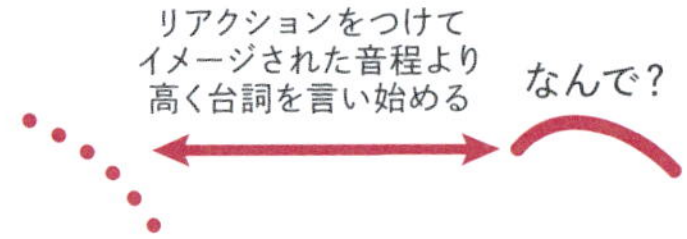
リアクションをつけて
イメージされた音程より
高く台詞を言い始める
なんで？

①相手の音程に気をつける
②自然下降をイメージして
③リアクションをノンバーバルでして
④自分の台詞を相手の語尾より高く言う「なんで？」

２つ目は「下受け（したうけ）芝居」です《図30》。

下受け芝居とは

相手の台詞の自然下降をイメージしたら、自分の音程は相手の音程のイメージより低く出ます。

ベテランの俳優がよく使う手です。とても上手に聞こえますが、相手の台詞の語尾が低いと、低音の音域がないと出ません。そして注意すべきは、しっかり言わないと自分の台詞の語尾が消えてしまうことです。一般的に「台詞をのむ」と言われる危険性があります。同じく3秒以上間を取って低い音程で台詞を言いましょう。

①相手の音程に気をつける
②自然下降をイメージして
③リアクションをノンバーバルでして
④自分の台詞を相手の語尾より低く言う「なんで?」

●図30　下受け（台詞の音を低く発する）

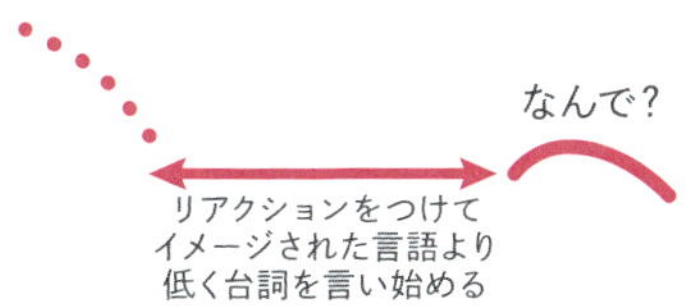
なんで？
リアクションをつけて
イメージされた言語より
低く台詞を言い始める

3つ目は、「イメージで受ける」です《図31》。

イメージ受けとは

音程は相手の台詞の終わりと同じですが、台詞の勢いや質量感をイメージで頭の中につくり、同じ音程で、同じ台詞の勢いや質量感で言います。この場合、難しいのは、相手の台詞をイメージ化することです。

A 今度生まれてくるとしたら、あなたになりたい

という台詞をイメージ化するのですが、具体的には声の大きさを質量としてイメージ化することです。そして語尾を引き継いで同じ音程で再現することが重要です。

①相手の音程に気をつける
②台詞の自然下降をイメージして
③リアクションをノンバーバルでして

●図31　受ける音程は語尾と一緒で質量感が一緒

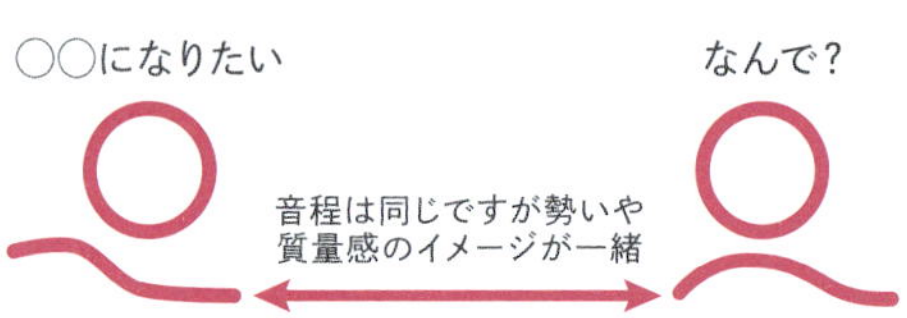

④自分の台詞を相手の語尾と同じくらいの音程で言う
　その際に、音量をイメージした質量感をコピーして
⑤「なんで?」

最初は難しいと思いますが、上受け、下受け、イメージ受けの順番で練習すると効果が早く出ます。一般に言われている「受け芝居」の台詞はこの３つのどれかに当てはまります。後は芝居の中の動きと連動させれば受け芝居の完成です。

第3幕

Ⅱ

❷スマートフォンメソッド

第1幕の「明日、表現するあなた――藁にもすがりたい方へ」にも書きましたが、現代では、自分を客観視できるテクノロジーが沢山あります。それを使わない手はありません。

筆者の俳優時代は（引退したつもりはありませんが）、映像の仕事でもない限り、自分の演技を見る機会はありませんでした。演出家からの指摘や、先輩のアドバイスに頼るしかなかったのです。もちろん、俳優主体主義を唱えた先人の時代にもありませんでした。客観視できるテクノロジーがないことを前提に俳優養成が行われてきたのです。

現代では家庭にビデオカメラがあります。そして、皆さんが手に持っているスマートフォンがあるではないですか。スマートフォンを使って、自分の演技を客観的に見てみましょう。やり方は簡単です。

①自分の演技を撮る
②撮った演技を見る
③見て自分の演技を批評する
④改善策をイメージする
⑤改善策を物まねして再現する
⑥1～5を繰り返す

このスマートフォンメソッドはすべてのメソッドに利用できます。繰り返し録画して、繰り返し見て、繰り返し演じてください。

以前は稽古場や教室にビデオカメラを持ち込み、プロジェクターに投影して客観視していましたが（もちろん、その機器があるのならそのほうがよいのですが）、手軽に自分だけでチェックができるのでこのメソッドを強く推奨します。何しろ全員がキャメラを持っているのですから、場所も時間も取らないで、すぐにできます。

音声録音だけでもその効果は絶大であると言えます。初めて自分の声を聞く人は違和感を感じるでしょう。と同時に、自分の表現力の稚拙さに聞くのをやめてしまうかもしれません。

正直なことを言うと、筆者にも同じような体験があります。自分が出演したドラマをテレビで観たときです。「世界の演劇の中心に自分がいる」と思っていた筆者でしたが、自分の出演したドラマを見た感想は、「なんて表情がないんだ」「棒読み」「顔が引きつっている」……。テレビを消したくなりました。当時は録画する機械は高価で、筆者の家にはなくて初出演番組を観ることは不可能でした。録画できていれば、私はどんなに落ち込んでいたことでしょう。

さて、現代ではどうでしょうか。手元にあるスマートフォンは高価なカメラと遜色ない機能を満載しています。使わない手はないのです。録画して、客観的に自分を見ましょう。

第3幕

Ⅱ

❸ メジャーメソッド（距離感を掴む方法）

台詞やプレゼンテーションの発表が「誰に言っているか分からない」ように聞こえる表現があります。俳優ならば、「相手に届いていない」「相手に影響を与えていない」。プレゼンテーションのような発表の場合、「心に響かない」「拡声器でしゃべっているようだ」と言われる表現の改善に効果的なメソッドです。

基本は頭の中のイメージを再現できればよいのですが、スマートフォンメソッドで客観視してみると、自分の再現は自分のイメージと一致していないと判断した人にぜひやっていただきたいと思います。

相手に台詞を届けるには

台詞（言葉、センテンス）の最後に、「ね、そう思うでしょう？」「ね、そうでしょう？」と、英語なら「and you?」と付け足してみましょう。

例えばこんな台詞です。

男「僕は嘘をついてない！」

女「そんな言い訳して、見え透いてるわよ」

この台詞の難しいところは、距離感です。相手に対して台詞が向かっていなくて、さらに相手の心に着地していないとも言われる台詞です。

そういうときは、語尾に「ね、そう思うでしょう?」「ね、そうでしょう?」、英語なら「and you?」と付け足してみましょう。

男　僕は嘘をついてない・・・(ね、そう思うでしょう?)

女　そんな言い訳して、見え透いてるわよ・・・(ね、そうでしょう?)

実際に台詞の後に「ね、そう思うでしょう?」「ね、そうでしょう?」と付けて言ってみましょう。相手に質問を投げかけることによって、自分の台詞が確実に相手に届くように言うことになります。質問は返事をもらうことが使命だからです。届かない質問に返事はできません。

同じセリフを距離を変えてやってみましょう。

1メートル離れた場合と5メートル離れた場合では、距離が違うので、台詞の距離感も変えなければなりません。ここでも自分で発した台詞(言葉)を録音したり録画したりして確認することが効果的です。

慣れてきたら、「ね、そう思うでしょう?」と「ね、そうでしょう?」を付けないで台

●図32
疑問形も自然下降をイメージする

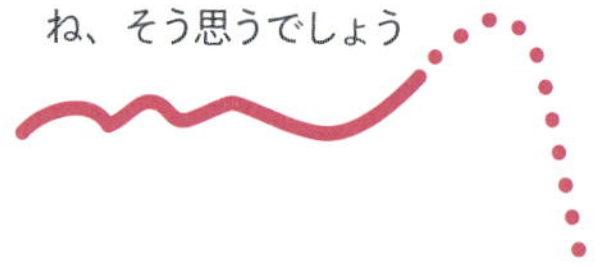

詞を言いましょう。付け足したときと、付けなくなったときの違いがなくなれば、成功です。メジャーメソッドでは「ね、そう思うでしょう?」とか「ね、そうでしょう?」と疑問形を足しています。実はこのメジャーメソッドは音程メソッドと関わりが深いメソッドなのです。

音程メソッドは、台詞が自然下降していくことをイメージしました。メジャーメソッドは、「ね、そう思うでしょう?」と「ね、そうでしょう?」の疑問形を足してイメージの中で語尾の音程をいったん上昇させます。このイメージの中で上昇した音程を下げていくようにイメージし直します《図32》。

Aの台詞の後に付けた、「ね、そう思うでしょう?」は、疑問形なので語尾が上がります。そこからイメージの音程を下げていきます。

そして、Bの台詞は肯定文と同じように、イメージの中で自然下降してきた台詞の音程を意識することになります《図33》。

距離感を掴むことも、音程を意識すると感覚が掴めます。注意点は、半音上がりの段々畑にならないようにすることです《図34》。

そんな言い訳して

●図33
疑問文でも自然下降をイメージでつくり出す

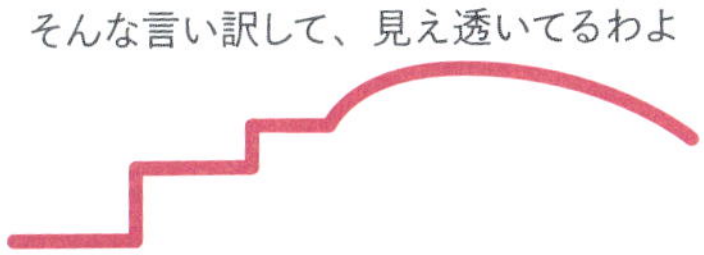
そんな言い訳して、見え透いてるわよ

●図34
半音上がりの段々畑には注意

相手との距離によって台詞の声量や音程が違うことを意識する

このメジャーメソッドは大勢の前でスピーチするときにも役に立ちます。

筆者は、多くのスピーチが心に届かない表現になっている場面に遭遇します。誰に言っているのかが分からない。大きな声は出ていますが、心に響かないような表現です。この場合、距離を意識して音程や音量を操作すると人の心を揺さぶる表現ができるようになります。例えば、筆者の表現5（expression5）で練習してみましょう（括弧の中は語尾を男性の台詞にしてあります）。

expression5

A　もう、行っちゃうんだ・・・

B　うん、そろそろ・・・

A　あいつによろしくね（よろしくな）

B　一応・・・言っておく

設定

２人は別れを迎えている。どうやら共通の知人である「あいつ」とＢは一緒らしい設定を変えることによって距離感を変えてみましょう。

２人の関係性は、

●元恋人
●兄弟（兄妹、姉弟、姉妹）
●普通の友人

など、沢山考えることができますね。微妙に関係性が台詞の抑揚に影響しますが、あえて、ここでは距離感に意識を持っていきます。

２人の距離が30センチだった場合と1メートルの場合を比較してみましょう。30センチの場合は声量も小さくなりますが、音の高さも1メートルに比べて低くなります《図35》。逆に1メートルの場合は声量も大きくなり、声の高さも高くなります（線の太さが声量で音の高さは線の高低です）。

最初のAの台詞を30センチの距離と1メートルの距離で言ってみましょう。

私たちは経験則で、遠くの人に言葉を投げかけるときは高くて大きい声を出せば届くことを知っています。誰でも30センチの距離より1メートルの距離のほうが高い声で声量は大きくなるでしょう。

●図35
遠くに伝えるのは声量大で高い音程

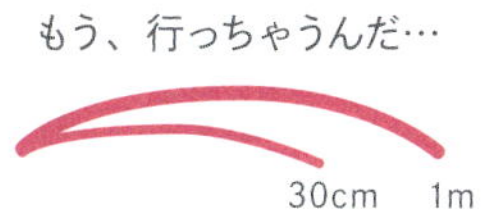

では10メートルの距離ではどうでしょう。20メートルではどうでしょう《図36》。

同じく、距離が延びるにしたがって、声は大きく高くなります。

音程をキャッチすることは一緒です。相手の音程をイメージして、追いかけてキャッチして自分の台詞を言います。相手との距離を実際に変えてみて何度も台詞を言って、距離感による音程と声量を掴みましょう。できているかどうかを確かめるにはスマートフォンを忘れずに使ってください。

これは台詞の相手だけを意識して台詞の距離感を掴むメソッドです。

問題は、劇場や体育館で、伝える観客が遠くにいて、しかも大勢いる場合です。相手の俳優は30センチしか離れていないのに一番後ろの観客は50メートル離れているという場合です。

●図36
距離が延びるにしたがって声は大きく、高い音程になる

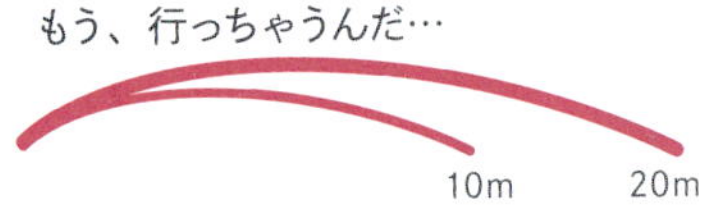

距離感を2つ持ちましょう

距離感を2つ持つとはどういうことでしょうか？ まず、相手役との距離感をリアルに台詞に反映させましょう《図37》。

リアル（real）は実在するという意味です。語源はラテン語のresalisでres（物体）+alis（〜

の）という意味です。リアルな距離感といえば「そこにある物体に対して実在するように言う」ことですね。

もう1つの距離は観客との距離感です。客席全体に台詞の距離感が合うようにするには熟練した技術が必要です。相手役との距離感さえおぼつかない俳優にはなかなか難しい技術です。

まずは客席の真ん中くらいの距離感を掴むことです《図38》。

客席の真ん中くらいの距離感は相手役との距離感より遠くなります。つまり、声量は大きくなり、音程も高くなります。

近くにいる相手役との距離感と観客との距離感をどうするか

舞台では相手役は近くにいて、観客は遠くにいる場合がほとんどです。観客に聞こえなければ芝居は成立しませんし、相手役との距離感がなければリアルではなくなります。劇場で相手役と観客と同時にリアルな会話をするにはどうしたらよいでしょうか。

経験を積んだ俳優なら、いとも簡単に両方の距離感を同時に成立させることができます。初心者は、音量と音程を分けることから始めましょう。

●図 37
リアルな距離感

●図 38
客席の真ん中くらいの距離感を掴む

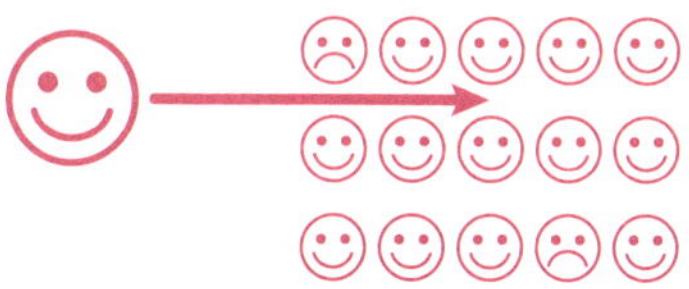

「音程」は相手役とのリアルな距離
「音量」は相手役とのリアルな距離

まずは、音程も音量も相手役とのリアルな距離でやってみます。ごくごく普通のリアルな会話になるはずです（これはこれですごく大切なのですが）。

次に、

「音程」は相手役とのリアルな距離
「音量」は観客との距離

そして、その逆もやってみましょう。

「音程」は観客との距離
「音量」は相手役とのリアルな距離

この違いを演じ分けてください。すると、2番目にやった、

●図39　音程は相手とのリアルな距離、音量は観客までの音量

「音程」は相手役とのリアルな距離
「音量」は観客との距離

が、一番しっくりいくと思います《図39》。

実は、筆者たちの時代にはマイクとスピーカーというテクノロジーがなかったので、このトレーニングが必要だったのです。舞台上の相手役と、観客の距離感が違う場合です。しかし、いまはどの芝居にもマイクやスピーカーがあります。プレゼンテーションの発表も然りです。

ですから、マイクやスピーカーがある場合は距離感も相手役とのリアルな距離感で言えばよいのです。音程と音量がイメージの中で相手に向かい、受け取るトレーニングをしましょう。そして、スマートフォンでチェックです。

マイクやスピーカーがないプレゼンテーションなら、客席の真ん中の人に話しかけるように音程と音量を合わせれば距離感が合うと思います。そして、なるべく低い声を使うと好感度と信頼感が増します。［40］

40 参照：岡田陽介『声の高低が政党党首の印象形成に与える影響―党首討論会の音声を用いた実験研究―』日本行動計量学会行動計量学，44巻1号，2017, pp.17-25

第3幕

II

❹ よい声メソッド（演劇的）

低音が好感度と信頼感を増させるのならば、声についてもう少し考察しましょう。声をよくする方法は沢山あります。自分でパソコンのキーボードを叩いて調べれば、それほど間違っていない方法にヒットすると思います。ここでは、間違えられやすいことを1つだけ述べたいと思います。

よく耳にする、「腹から声を出す」ということに惑わされてはいけません。お腹が声を出すわけではありません。むしろ、絶対出さない。出せません。声を出しながら体のあちこちを触ってみてください。響くのは喉、胸、鼻、頭頂部のあたりですね。お腹から声が出ていないのは当たり前です。出ていたら怖いです。

お腹から声が出ているというのはイメージであって、お腹からは声は出ていません。イメージするのはよいことですので実践してもらいたいのですが、お腹からは声が出ていないことを認識してください。あくまでも「お腹から声が出ているような太い声」が観客に聞こえているだけです。イメージを再現するには声の出ているところを正確に知ることが重要です。

では、声はどこから出ているのでしょうか？　そう、声帯です。肺に入った空気が出るときに声帯を振動させ、その極めて小さな振動音（喉頭原音）は、声帯の上方に繋がる喉頭腔から咽頭腔、口腔、鼻腔等の共鳴腔へと伝わっていき、そして、その共鳴腔を音響板として広がることにより、張りのある豊かな声が生み出される［41］のです。

41 引用：諏訪才子『発声法についての実践的・教育的考察—姿勢、呼吸法、共鳴を中心に—』東北女子大学・東北女子短期大学紀要 , 54 号 , 2016, pp.65-77

ならば響かせるところは限定されてくるはずです。上手く響かせることができれば「よい声」が出せるようになります。

ギターをイメージしてみてください。弦が声帯です。弦を弾いて音が出たら、ギターの表板全体に伝わって共鳴し、側板や裏板にも伝わってギターのボディの中の空気も共鳴し、サウンドホールから音が出ていく。人間の体に例えるとギターの本体は口腔や鼻腔です。

音を響かせるにはそれほど難しく考えず、声帯を鍛え、共鳴する部分を広げたり小さくしたりするトレーニングをすればよいのです。

実は、プロフェッショナルな俳優は、呼吸法を腹式呼吸と胸式呼吸をミックスして使っています。腹式呼吸がよいのか胸式呼吸がよいのか、議論するまでもなく、どちらでもよいのです。[42]

横隔膜を下げて呼吸をする方法（腹式呼吸）と肋骨筋により胸郭を広げて呼吸をする方法（胸式呼吸）に声の大小や声の響きに影響はありません。腹式のほうが若干空気の体積を多く取り入れることができる利点はありますが、大差ないというのが筆者の意見です。よい声を出すには声帯を震わせて、体のどこに響かせるかが重要です。

響かせる場所は「共鳴腔」です。[43-47] 発声しながら胸から上を触ってみてください。響いているのは、肋骨の一番上、喉、鼻を含めた顔全体、微かに頭頂部やおでこ、うな

[42] 参照：リード、コーネリウス・L『ベル・カント唱法（渡辺東吾／訳）』音楽之友社 , 1987, pp.161-163

じあたりです。

最初はそこに音を当てるように意識して発声すればよい声は次第に出るようになります。あくびをした状態で発声すると喉が開いて声帯もよく振動します。

ほほ骨の表情筋を上げるように意識すれば、共鳴腔は適度に広がって反響板の役目を果たしてくれます。腹筋を鍛えてもあまり効果はないと思われます。お腹の出たオペラ歌手が腹筋を鍛えているとは到底思えません。小さい声の人が「弱々しくか細い声」なので、その逆の野太い声を例えて、「腹から出た声」と言っているだけです。「野太い声」がお腹を響かせて、お腹から出ていないことは明らかです。オペラ歌手になるのなら別ですが、俳優ならば筆者のメソッドが有効です。よい声を出すメソッドは次の通りです。

- 大きく息を吸います（腹式でも胸式でもよいです）
- 「あ」で発声する
- そのとき徐々に音程を上げていくと同時にほほ骨を上げましょう
- そこから音程を下げていきますが、あくびをしながら発声してみましょう

声は共鳴腔のあちこちに響き、最後は野太い声になると思います。

さらに、

43 参照：佐々木直樹『合唱指導における発声練習に関する研究 (1) ―ヴァルター・シュナイダーの発声練習の理論と方法（呼吸と共鳴）』島根大学教育学部紀要（人文・社会科学）, 第 42 巻 , 2008, pp.65-73

44 参照：石井末之助『声のしくみ』音楽之友社 , 1982

45 参照：酒井弘『発声の技巧とその活用法』音楽之友社 , 1974

46 参照：サラマン、エスター『声楽のコツ（西原匡紀／訳）』音楽之友社 , 1993

47 参照：一色信彦『発声練習』医学書院 , 50 巻 9 号 , 1978, pp.649-660

●大きく息を吸います（腹式でも胸式でもよいです）
●「あ」で発声をする
●そのとき徐々に音程を上げながらファルセット（裏声）にして同時にほほ骨を上げましょう
●ファルセット音で高音までたどり着いたら、今度は音程を下げていきますが、あくびの形から徐々に口の形を「う」に変えましょう。ファルセットから実音に声は変わっていきます。口の中の響きに注意してください
●最後はハミング（口を閉じて「ん」と発音）しながら口腔を広げたりすぼめたりします

息を吸って、この繰り返しをします。息が続かなければ途中で何度も息を継ぎ足して繰り返し続けてください。声帯を伸ばしたり縮めたりして、少しずつ温め、筋肉をトレーニングするのが目的です。

注意点は無理に高音や低音を出さないことです。発声はどんなによい声を出しても、よい発声法でも、声帯に軽い充血が起こります。ある程度発声練習をしたら休ませましょう。

第3幕

II

❺ 欲求メソッド

台詞には、台詞自体が表そうとしている事実と、俳優が台詞を言うと意味が変わる側面があると前に述べました。さらに、台詞には「台詞を発したら行為を起こさせる（ドラーマ）」［48］という側面もあるのです。

ロミオがジュリエットに「愛してる」と言ったなら、「愛している」ことに同意してもらいたいのか、それよりも能動的に抱きしめてもらいたいのか、何かしらの行為を要求していることになります。

さらなる台詞の考察

さらに台詞を細かく考察してみましょう。台詞は、

①脚本家が意図した言葉
②書かれた言葉が表す事実
③俳優や演出家がする解釈
④俳優が台詞を演じることによる表現
⑤受け取った相手役がする行為（心の動きも含む）
⑥台詞を聞いている観客の解釈

48 参照：J.L オースティン『言語と行為（坂本百大／訳）』大修館書店，1978

と分けられると考えています。

このメソッドでは主に④と⑤を台詞から抽出し、文脈からさまざまな文意を読み取ります。脚本家が書いた台詞の意図から離れることを恐れてはいけません。俳優の解釈で、「その台詞がどのような行為を求めているのか」によって文意に変化を起こさせるメソッドです。

頭の中にできるイメージを多様化させる効果があります。1つの言葉から1つのイメージを浮かべるのではなく、さまざまな行為や事象をイメージする練習になります。

欲求メソッドの本質的実践

筆者のテキスト表現5（expression5）を使って実践してみましょう（括弧内は男性の語尾にしてあります）。

expression5

A　もう、行っちゃうんだ・・・

B　うん、そろそろ・・・

A　あいつによろしくね（よろしくな）
B　一応・・・言っておく

Aの最初の台詞は、「もう、行っちゃうんだ」です。この台詞を言葉が表す事実だけで言ってみましょう。おそらく、泣き出しそうな表情で「行っちゃう」事実を表現することになるでしょう。AはBに「もう、行っちゃうんだ」と言うことによって何をして欲しいのでしょうか。

この「何をして欲しい」かを見つけるのが重要です。俳優の言い方次第で文脈が変わり、考えもしなかった文意になることを体験しましょう。

では次に、AはBに「行かないで欲しい」からこの台詞を言ったのだと仮定します。受け取った相手にしてもらいたい行為は「行かないでくれる」何かです。それは「躊躇」なのか、「本当に行かないでいてくれる」ことなのか、もっと過激に「泣き叫んで、抱きしめてくれる」行為なのかはイメージの世界なので固定して考えないでください。ただ、「行かないで欲しい」がAの台詞の真意であったならと仮定してみましょう。

Aの「もう、行っちゃうんだ」の台詞は「して欲しい行為」によって、どう変化するでしょうか。

世阿弥とユングの共通性

スイスの心理学者のカール・グスタフ・ユング（1875〜1961）は「人間は本来の姿を仮面で隠す」[49]ものであると言いました。

世阿弥の「怒れる風体にせん時は柔らかなる心忘れるべからず」[50]を忘れていなければ、この台詞へのアプローチは面白いものになります。ユングと世阿弥の共通点が見つかりました。

ユングと世阿弥を筆者が融合させてみましょう。

AはBに「行かないで欲しい」からこの台詞を言います。しかし、人は「行かないで欲しい」ことを隠します。仮面（ペルソナ）で隠して相反する「行ってもいいよ」という表現をします。

欲求メソッドの実践では台詞の前に、「行かないで欲しい、だけど」と仮の台詞をつけてみます。俳優は仮の台詞を言った後に頭の中のイメージで「行かないで欲しい」ことが相手役に伝わったと確信できたら、台詞を言います。

仮台詞　行かないで欲しい・・・だけど、

A　もう、行っちゃうんだ

[49] 参照：宮野素子『声と心ーユング心理学的立場からの検討』秋田大学教育文化学部教育実践研究紀要, 37 巻, 2015-03, pp.233-238

[50] 引用：林望『すらすら読める風姿花伝』講談社, 2003, p173

このメソッドは前述の音程メソッドも使います。

①仮台詞の「行かないで欲しい…だけど」と言う
②仮台詞の自然下降を俳優Aと俳優Bがイメージする
③2人の俳優が音程をイメージで追いかける
④「行かないで欲しい」ことを仮面で隠し、相反する感情の要素を入れて
⑤「もう、行っちゃうんだ」と台詞にする《図40》

台詞はどのように変化したでしょうか。「行かないで欲しい」という真意を隠し、少し表情に笑顔を入れて、書かれた言葉の事実から解放された台詞になっていたら成功です。

次のBの台詞は、

B　うん、そろそろ・・・

まず、この台詞を言葉が表す事実だけで言ってみましょう。残念そうな表情で「うん、そろそろ…」と表現することになるでしょう。BはAに「うん、そろそろ…」と言うことによって何をして欲しいのでしょうか。BはAに「引き留めて欲しい」からこの台詞

●図40　仮台詞を言い相反する感情を入れる 1

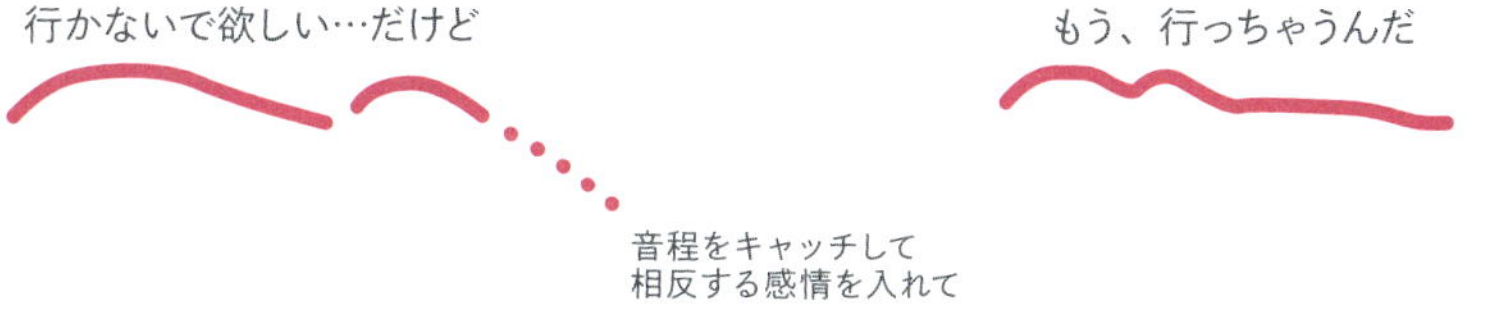
行かないで欲しい…だけど
もう、行っちゃうんだ
音程をキャッチして
相反する感情を入れて

を言ったのだと仮定しましょう。

受け取ったAにしてもらいたい行為は「引き留めてくれる」何かです。それは「ためらい」なのか、「本当に引き留めてくれる」ことなのか、もっと過激に「泣き叫んで、抱きしめてくれる」行為なのかはイメージの世界なので固定して考えないでください。

実践してみましょう。

①仮台詞の「引き留めて欲しい…だけど」と言う
②仮台詞の自然下降を俳優Bと俳優Aがイメージする
③2人の俳優が音程をイメージで追いかける
④「引き留めて欲しい」ことを仮面で隠し、相反する感情の要素を入れて
⑤「うん、そろそろ…」と台詞にする≪図41≫

「うん」と「そろそろ」が半音上がりにならないように注意してください。
続けてAの台詞です。

A
あいつによろしくね（よろしくな）

●図41　仮台詞を言い相反する感情を入れる 2

引き留めて欲しい…だけど
うん、そろそろ…
音程をキャッチして
相反する感情を入れて

まず、この台詞を言葉が表す事実だけで言ってみましょう。伝言を頼む表現で「あいつによろしくね…」と言うことになるでしょう。

ＡはＢに「あいつによろしくね…」と言うことによって何をして欲しいのでしょうか。ＡはＢに「伝えないで欲しい」からこの台詞を言ったのだと仮定しましょう。文脈が大きく変わってきます。

受け取ったＢにしてもらいたい行為は「伝えない」何かです。それは「沈黙」なのか、「Ｂのことを好きな感情に気づいてもらうこと」なのか、もっと過激に「泣き叫んで、抱きしめてくれる」行為なのかはイメージの世界なので固定して考えないでください。

実践してみましょう。

①仮台詞の「伝えないで欲しい…だけど」と言う
②仮台詞の自然下降を俳優Ａと俳優Ｂがイメージする
③２人の俳優が音程をイメージで追いかける
④「伝えないで欲しい」ことを仮面で隠し、相反する感情の要素を入れて
⑤「あいつによろしくね（よろしくな）」と台詞にする《図42》

●図 42　仮の台詞を言い相反する感情を入れる 3

伝えないで欲しい…だけど
あいつによろしくね
音程をキャッチして
相反する感情を入れて

最後のBの台詞は、

B
一応・・・言っておく

まず、この台詞を言葉が表す事実だけで言ってみましょう。「しっかり伝えるよ」の文意の表現で「一応…言っておく」と言うことになるでしょう。

BはAに「一応…言っておく」と言うことによって何をして欲しいのでしょうか。BはAに「そんなことを言えない」からこの台詞を言ったのだと仮定しましょう。すると文脈が大きく変わってきます。

受け取ったAにしてもらいたい行為は、「そんなことを言えない」何かです。それは「諦め」なのか、「実は私もAのことを好きな感情に気づいてもらうこと」なのか、もっと過激に「泣き叫んで、抱きしめてくれる」行為なのかはイメージの世界なので固定して考えないでください。

実践してみましょう。

①仮台詞の「そんなこと言えない…だけど」と言う
②仮台詞の自然下降を俳優Bと俳優Aがイメージする

●図43　仮台詞を言い相反する感情を入れる3

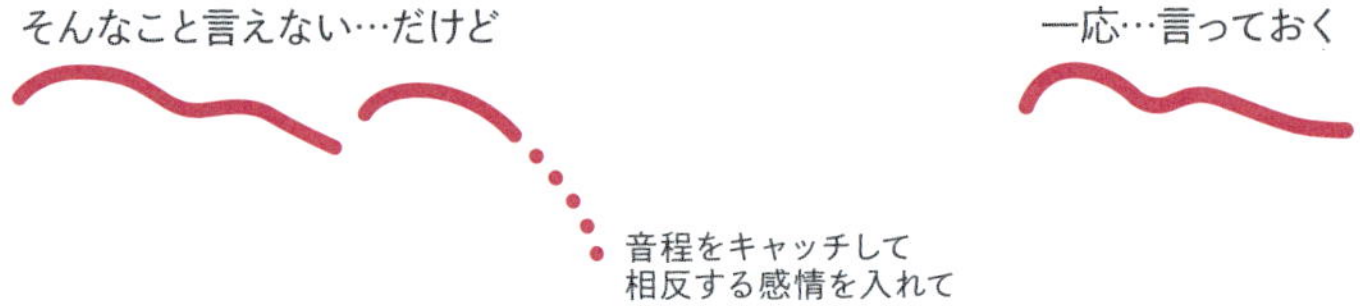

③２人の俳優が音程をイメージで追いかける
④「そんなこと言えない」ことを仮面で隠し、相反する感情の要素を入れて
⑤「一応…言っておく」と台詞にする《図43》

となります。欲求メソッドは脚本の文脈が解釈によっていかに変わろうが、仮の台詞を自在に仮定することによって、演出家からの要望に応えることができるようになります。

また、相反する感情を意識することにより、表現が単調化しない効果があります。

第3幕

Ⅱ

❻ 短冊メソッド

このメソッドは❶音程メソッドと❸メジャーメソッドによって、ある程度成長した俳優に適しています。また、すでに俳優として歩み始めている人が表現方法に迷ったときに使ってみると、文脈が見えてきて、目指す表現に近づくはずです。

台詞に目標を置く

筆者の表現６（expression6）のテキストを使って実践してみましょう（括弧の中は男性の語尾にしてありますが、このメソッドでは語尾にそれほど影響はありません）。

expression6

A　遅刻ですよ（だよ）
B　ぎりぎりセーフ、まだ15秒あるわ（ぜ）
A　20分も遅刻してよく言うわよ（ぜ）
B　中央線が遅れてて・・・
A　あなた（お前）の言い訳はいつも中央線ね（だよ）
B　そう？

A　踏切事故があって、人身事故があって・・・

B　本当なんだって

A　遅刻したことは認めたのね（たんだな）

まず全体を読みます。どんな感想を持ちましたか？　単調で極々ありふれた台詞ですね。このような文脈は、俳優にとっては演じづらいのではないでしょうか。どう演じてもそれほど評価されない台詞に思えるからです。

しかし、それは1つ1つの台詞に到達すべき目標を持つと台詞が変化します。では実践していきましょう。

最初のAの台詞は、「遅刻ですよ（だよ）」ですね。この台詞はどのように言うべきでしょうか。直感でよいので、言葉に表してみましょう。

●怒る

●ごねる

●不満

●諦め

と書き出してみてください。そして書き出した「どのように言うべきか」に沿って、台詞を発します。書き出した言葉を目標にして台詞を言います。

●怒る
――「遅刻ですよ（だよ）」
●ごねる
――「遅刻ですよ（だよ）」
●不満
――「遅刻ですよ（だよ）」
●諦め
――「遅刻ですよ（だよ）」

4種類書き出したものを目標に台詞を言ってみました。スマートフォンで録画しましたか？

theory&practice（理論と実践）は実際にやらなければ意味がありません。スマートフォンメソッドは単純です。スマートフォンで自分を撮ることを実践してください。そして客観的に自分を見ることを習慣にしてください。

ここでは短冊状に書き出した言葉を台詞に反映できているか判断します。判断するのは自分です。スマートフォンの録画を見て、判断してください。

4種類の弁別性はありましたか？　はっきりと自分で弁別性を持って言えたと判断したら、次の台詞に移りましょう。表現6（expression6）では、

B

ぎりぎりセーフ、まだ15秒あるわ（ぜ）

これはどうでしょう。書き出してみましょう。

- 元気に
- 走ってきた感じを出して
- アクションを大きく「セーフ」としながら
- 笑ってごまかす
- 上手い言い訳

台詞の横に書き出して目標にします。

●元気に

――「ぎりぎりセーフ、まだ15秒あるわ（ぜ）」

●走ってきた感じを出して

――「ぎりぎりセーフ、まだ15秒あるわ（ぜ）」

●アクションを大きく「セーフ」としながら

――「ぎりぎりセーフ、まだ15秒あるわ（ぜ）」

●笑ってごまかす

――「ぎりぎりセーフ、まだ15秒あるわ（ぜ）」

●上手い言い訳

――「ぎりぎりセーフ、まだ15秒あるわ（ぜ）」

今回は５種類の言葉を表現しました。５種類のスマートフォンの映像を見て客観的に言えたかどうか判断します。自分の判断力を上げるとともに、演出家からの要望（いわゆるダメ出し）に対応するトレーニングになります。

そして、短冊メソッドは頭の中のイメージを再現するトレーニングにもなります。繰り返しトレーニングをすることによって、言葉からイメージして再現する時間が短縮されます。自分で短冊を書くことが大切ですが、この項では筆者が書きます。続けましょう。

次のAの台詞は、

A「20分も遅刻してよく言うわよ（ぜ）」

●あきれて

――「20分も遅刻してよく言うわよ（ぜ）」

●無視して

――「20分も遅刻してよく言うわよ（ぜ）」

●スマートフォンのSNSを見ながら

――「20分も遅刻してよく言うわよ（ぜ）」

●睨んで

――「20分も遅刻してよく言うわよ（ぜ）」

●疲れて

――「20分も遅刻してよく言うわよ（ぜ）」

今回も5種類の短冊をつくってみました。スマートフォンで確認して客観的に判断し、短冊に表現が近くないと判断したら、台詞の再現を繰り返しトレーニングしてください。

ここまでで3つの台詞に短冊をつくり表現してきました。

A　遅刻ですよ（だよ）
B　ぎりぎりセーフ、まだ15秒あるわ（ぜ）
A　20分も遅刻してよく言うわよ（ぜ）

最初は単調で極々ありふれた台詞に見えていたものが、様変わりしてきましたね。台詞の文意が見えてきました。これは一般的には「台詞に感情が入ってきた」と言われて評価されます。

筆者は、俳優が表現する目標を持ったことにより、台詞の表現に「揺らぎ」がなくなったと考えています。「曖昧さ」がなくなったと言ってもよいかもしれません。

野球に例えると「バッター打った、スタンドに入った、ホームラン」は揺らいで曖昧な表現です。「バッター打った、センター方向に飛んでいる、センターバックスクリーン横に入った」は表現として住所がしっかりしている。どこに向かって飛んで、どこに入ったか、明瞭です。

台詞も「なんとなく」言わないで揺らぎや曖昧さをなくし、目標に向かって言うと生き生きとしたものになります。

次の台詞は、

B
中央線が遅れてて・・・

●言い訳がましく

――「中央線が遅れてて・・・」

●許してもらえるように

――「中央線が遅れてて・・・」

●私のせいではないと主張して

――「中央線が遅れてて・・・」

●可愛く

――「中央線が遅れてて・・・」

のように、短冊を実践して表現してみましょう。

次の台詞は、

A
あなた（お前）の言い訳はいつも中央線ね（だよ）

同じように短冊を書いて再現しましょう。

●呆れて
――「あなた（お前）の言い訳はいつも中央線ね（だよ）」
●馬鹿にして
――「あなた（お前）の言い訳はいつも中央線ね（だよ）」
●相手にしないで
――「あなた（お前）の言い訳はいつも中央線ね（だよ）」
●遠くを見て
――「あなた（お前）の言い訳はいつも中央線ね（だよ）」

ここまでやってきて、短冊は脚本家が書くト書きや、台詞の頭に括弧の中に書いてある指示文に似ていることに気づいたと思います。脚本家も台詞に揺らぎや曖昧さが発生しそうな場合、台詞の住所を書き入れるのです。

次の台詞は、

B
「そう？」

短冊メソッドを続けましょう。スマートフォンで撮って確認して進みましょう。

●とぼけて

――「そう?」

●いたずらっぽく

――「そう?」

●諦めて短く

――「そう?」

次の台詞は、

A

踏切事故があって、人身事故があって・・・

短冊メソッドを続けます。

●厭味ったらしく

――「踏切事故があって、人身事故があって・・・」

●非難するように
――「踏切事故があって、人身事故があって・・・」
●思わず笑ってしまって
――「踏切事故があって、人身事故があって・・・」
●ため息交じりで
――「踏切事故があって、人身事故があって・・・」

次の台詞は、

B「本当なんだって」

短冊メソッドを続けます。

●必死で
――「本当なんだって」
●泣いて頼み込むように
――「本当なんだって」

●信じてもらえないのが驚きのように
――「本当なんだって」
●説得を諦めて
――「本当なんだって」
●かすかな可能性に賭けて
――「本当なんだって」

最後の台詞は、

A「遅刻したことは認めたのね（たんだな）

短冊メソッドを締めくくりましょう。

●思わず笑って
――「遅刻したことは認めたのね（たんだな）」
●納得して
――「遅刻したことは認めたのね（たんだな）」

●怒って

――「遅刻したことは認めたのね（たんだな）」

●帰ろうとしながら

――「遅刻したことは認めたのね（たんだな）」

表現６（expression6）を使って短冊メソッドの解説をしてきました。自分で短冊をつくることにより、脚本家と同じようにト書きや指示文を書くことになります。台詞を脚本家の立場から考察しつつ演じることになるので、脚本主義のメソッドと言えると思います。

第3幕

Ⅱ

❼ コピー&ペーストメソッド

芸術の基本はコピー&ペーストであると筆者は書きました。コピーする対象物は脚本であり、物まねをする物体であり、頭の中のイメージ［51］です。コピーは頭の中に入力するだけなので、それほど難しいわけではありません。問題は出力するペーストです。この部分が技術の難しいところです。本書では、いかにペーストするかをメソッドで考察してきました。まだまだ研究の余地を残していますが、繰り返しやることによって改善すると信じています。筆者は原点に返って、台詞を言うことがなぜ難しいのかを考えました。

他人が書いた言葉を自分が言っているようにする

それは、自分の言葉ではないからだと思うのです。

そもそも、言葉は自分で考えだしたものではありません。言葉は和語（大和言葉）、漢語（字音語）、外来語（西洋語）、混種語に分けるのが一般的［52］ですが、和語でさえ、誰が、「山」と呼び、「川」と呼んだのでしょう。私たちは伝統的に、または伝承的に言葉を覚え、変化させ、現代に至っています。言葉は自分だけで発案したものではないのです。

さらに困ったことに、俳優は台詞という脚本家が書いた言葉を自分の言葉のように話

51 参照：滝沢修『俳優の創造』麦秋社 , 1983

52 引用：小倉慶郎『日本語の固有語と高級語彙の使い分けについて：英日通訳の授業から』大阪大学日本語日本文化教育センター授業研究 , 15 巻 , 2017, pp.19-30

さなければならないのです。

筆者のデビュー作品は『ラヴ〜こころ、甘さに飢えて』という作品です。賢一という役名の筆者は「唾棄すべきことじゃないですか」[53]という台詞をもらいました。しかし、筆者にとって「唾棄すべき」という言葉は初めて聞いた言葉で、自分の語彙の中にはありませんでした。困りました。辞書を引いて、「忌み嫌うこと」という意味は理解しましたが、何度台詞を言ってもしっくりきません。

演出家の木村光一先生からは、「唾棄だよ、だ・き。『だ』にはべちゃっとした質感があるでしょう。君の言ってる言葉は質感がないので軽い」と連日責め立てられました。いまでも当時の台本には「質感を出すこと」と書かれてます。あの当時に、筆者のコピー&ペーストメソッドがあれば、少しは演技の拙い筆者の助けになったかもしれません。演出家の木村光一先生を煩わせることもなかったでしょう。

さて、コピー&ペーストメソッドです。

このメソッドは、与えられた台詞を「自分のボキャブラリーの中から言い換える」ことから始めます。言い換えた言葉からイメージだけコピーしてペーストします。

筆者の表現7（expression7）のテキストを使って解説していきます（括弧の中は男性の語尾に変えてあります。このメソッドでは語尾も重要な要素です）。

[53] 引用：山田太一『ラヴ』中央公論社 , 1986, p49
原文では「退廃の極みじゃないですか !」となっているが、上演では「唾棄すべきことじゃないですか !」」に作者が変更した。

expression7

A　もう！　頭に来た！
B　落ち着きなさいよ（落ち着けよ）
A　我慢の限界よ（だぜ）
B　「我慢の一瞬先に幸運は落ちている」
A　誰の言葉？
B　私・・・（俺・・・）

この台詞の中で「我慢の限界よ（だぜ）」という台詞がしっくりこないと仮定しましょう。自分の語彙の中に「我慢の限界」という言葉がないからです。「我慢の限界」は筆者が書いた言葉です。これをあなたの言葉に変換しましょう。

●我慢できない
●もうだめだ
●あかん
●たまったもんじゃない

などになるでしょうか。これを表現7の台詞にそっくり当てはめます。

まずは、「我慢の限界」を「我慢できない」に入れ替えて台詞を読んでみましょう。

A もう！　頭に来た！
B 落ち着きなさいよ（落ち着けよ）
A 我慢できない
B 「我慢の一瞬先に幸運は落ちている」
A 誰の言葉？
B 私・・・（俺・・・）

一連の流れの中の「我慢の限界よ」を「我慢できない」と入れ替えました。

そして、自分のつくった台詞の「我慢できない」を実際に台詞として発してみましょう。

何回か台詞を発してみて、「我慢できない」という台詞のイメージや概念を掴みましょう。

「我慢できない」という台詞の質感や、音程や、言葉からもらえるイメージを頭の中にコピーします。

そして、「我慢できない」からコピーができたなら、台詞を元に戻します。ペーストするのは頭の中にあるイメージです。ただ、台詞が元に戻っただけです。台詞は元に戻して発しますが、イメージはあなたのつくった「我慢できない」で台詞を発してみましょう。

A　もう！　頭に来た！
B　落ち着きなさいよ（落ち着けよ）
A　我慢の限界よ（だぜ）
B　「我慢の一瞬先に幸運は落ちている」
A　誰の言葉？
B　私・・・（俺・・・）

このコピー＆ペーストメソッドは語尾にも威力を発します。同じ台詞で考察してみましょう。語尾は男性のものを使用します。

A　我慢の限界だぜ

あなたは女性ですが、男性の語尾を使わなければならない状況になりました。そしてあなたは関西出身です。「我慢の限界よ」も「だぜ」も自分の語彙にはありません。台詞がしっくりきません。ならば、入れ替える台詞を「あかん」にしましょう。「我慢の限界だぜ」を「あかん」に変えて発します。コピーするのは「あかん」の質感や音程や言葉からもらえるイメージです。

A　もう！　頭に来た！

B　落ち着きなさいよ（落ち着けよ）

A　あかん

B　「我慢の一瞬先に幸運は落ちている」

A　誰の言葉？

B　私・・・（俺・・・）

台詞を「あかん」に変えてみて、「あかん」の質感や音程や、台詞からもらえるイメージをコピーしましょう。特に有効なのは表情のコピーです。台詞の長さが変わっても、表情をコピーできればその表情が表現の助けになってくれます。コピーが完成されれば台詞を元に戻します。イメージだけがペーストされ台詞は元に戻ります。台詞を元に戻して、あなたのつくった「あかん」からもらったイメージで元に戻った「我慢の限界だぜ」という台詞を発してみましょう。

A　もう！　頭に来た！
B　落ち着きなさいよ（落ち着けよ）
A　我慢の限界だぜ
B　「我慢の一瞬先に幸運は落ちている」
A　誰の言葉？
B　私・・・（俺・・・）

次のテキストもコピー&ペーストメソッドをしてみましょう。

expression8

A　俺は嘘をつく人は嫌いだ
B　私は嘘なんかついてない
A　本当にそう言いきれる？
B　どういう意味よ・・・

しっくりこない台詞はありますか？　筆者は最初のAの台詞が言いづらいと感じます。「人」とは使わないですし、「嫌いだ」という語尾もしっくりきません。

自分の言葉に変換してみましょう。「俺は嘘をつく人は嫌いだ」を「俺は嘘をつく奴が嫌いなんだ」に変えました。

A 俺は嘘をつく奴が嫌いなんだ
B 私は嘘なんかついてない
A 本当にそう言いきれる？
B どういう意味よ・・・

何回か繰り返して、自分の言葉に変換した台詞を発します。質感や音程や台詞からもらえるイメージをコピーしましょう。コピーができたらイメージだけペーストされ台詞は元に戻ります。台詞を元に戻して、あなたのつくった「俺は嘘をつく奴が嫌いなんだ」からもらったイメージで、元に戻った「俺は嘘をつく人が嫌いだ」という台詞を発してみましょう。

A 俺は嘘をつく人は嫌いだ
B 私は嘘なんかついてない

A　本当にそう言いきれる？

B　どういう意味よ・・・

筆者のデビューの話に戻しますが、「唾棄すべきことじゃないですか」をコピー＆ペーストメソッドで筆者の言葉に変換すると「反吐《へど》が出そうだ」です。台詞の長さは違いますが、似たイメージで言えそうです。「反吐が出そうだ」と何回か繰り返し、質感や音程や台詞からもらえるイメージをコピーして台詞は元に戻します。

いまなら上手く言えるのに…。

第3幕

II

❽ 音楽メソッド

音楽は、作曲家と作詞家と演奏家（歌があればボーカリスト）によってつくられた一種のイメージや概念であるはずです。「主観的情動反応についてリラックスと爽快感は曲想の影響を受け、鎮静的な曲が主観的なリラクゼーションを高め、覚醒的な曲が爽快感を高める」［54］ことは、舞台に立ったことのある俳優ならば経験があると思います。

簡単に言うと、音楽が鳴ると台詞が言いやすくなったり、興奮したり、音楽が助けになり表現が豊かになるときがあるのです。音響スタッフが劇中に流す音楽を聴いたときの高揚感は、観客にまで影響を及ぼします。

もちろん、劇中での音楽や効果音は、観客に「より共感を得てもらう」ためなのですが、稽古場で最初に劇中で使われる曲を聴くことができる俳優は、音楽が組み込まれた作品の最初の観客でもあるのです。また、俳優が音楽を聴く前と後では、台詞の表現が明らかに後者の方が向上しています。

稽古場でいわゆる「音だし」が行われて、俳優の表現レベルが上がるなら、トレーニングでも使うべきだと考えました。

まず、トレーニング中に音楽をかけます。俳優はその音楽からもらったイメージを表現します。コンテンポラリーダンスとは違い、俳優は台詞を発しなければなりません。ですから、音楽を聴くことから始めます。音楽からイメージを受け取ります。そして、台詞をイメージに影響されて変化させましょう。

54 引用：諸木陽子、岩永誠『音楽の好みと曲想が情動反応に及ぼす影響』広島大学総合科学部紀要Ⅳ理系編，第 22 巻，1996, pp.153-163

筆者のテキストの表現9（expression9）を使って解説していきます（括弧の中の語尾は女性に変更してあります）。

expression9

A　何度言ったら分かるんだ！（分かるのよ！）

B　だから、理由があるの

A　門限は22時だ。一切の言い訳は聞かない、聞きたくもない

B　じゃあ、電話で聞いてみろよ（聞いてみて）。人身事故で遅れたんだから

この表現9を読んで、まずは文脈を掴みましょう。

設定は門限に遅れた子どもが玄関か居間で父親または母親に怒られているところです。

短冊メソッドを使って分析しましょう。

●怒って

A　何度言ったら分かるんだ！（分かるのよ！）

●言い訳がましく

B　だから、理由があるの

●さらに激高して

A　門限は22時だ。一切の言い訳は聞かない、聞きたくもない

●開き直って

B　じゃあ、電話で聞いてみろよ（聞いてみて）。人身事故で遅れたんだから

他にも短冊メソッドを使って変化させてよいと思います。この音楽メソッドはそんな短冊メソッドからの脱却が狙いです。

「演出家の要望はいつも突拍子もない」と筆者は考えています。その対策として、何が何でも、音楽のイメージに台詞を合わせて変化させます。頭の中にコピーされるのは音楽のイメージです。ペーストされるのが音楽の影響を受けたイメージの台詞です。

音楽を出せる環境にしましょう。筆者ならスマートフォンをスピーカーに繋ぎます。1曲目に演歌が流れました。さあ、演歌からどんなイメージをもらいましたか？　そのイメージにのみ影響されて、表現9のテキストを演じてみてください。あえてテキスト

に記すると筆者の場合の短冊は次のようになります。

●演歌の影響を受けて怒って

A 何度言ったら分かるんだ！（分かるのよ！）

●演歌の影響を受けて言い訳がましく

B だから、理由があるの

●演歌の影響を受けてさらに激高して

A 門限は22時だ。一切の言い訳は聞かない、聞きたくもない

●演歌の影響を受けて開き直って

B じゃあ、電話で聞いてみろよ（聞いてみて）。人身事故で遅れたんだから

演歌の影響を受けたイメージで表現すると凄いことになりますね。次々とテンポよく曲を変えるのがコツです。正確な表現を求めるより、俳優が音楽からもらったイメージが的確に反映されているか判断してください。『白鳥の湖』だったらどうでしょうか？

お正月の朝に流れてくる『春の海』ならどうでしょうか？　ポップスならどうでしょうか？

筆者のトレーニングでは、スマートフォンにスピーカーを繋ぎ、ランダムに次々と音楽を流します。俳優は次々と変わる概念を受け取って表現します。音楽のイメージは強烈に俳優の表現を揺さぶります。演出家の乱暴な要求に応えられる表現力も同時に身につくことでしょう。

【付録】

筆者のテキストを本書で使った表現1～9の他に数点書き写しておきます。メソッドを実践するときにお使いください。

expression1

A 私に何か用？

B え？　呼び出したのはそっちだろう

A （ポケットから紙を出して）嘘、ほら屋上に来いって

B （ポケットから紙を出して）こっちにも、そう書いてあるぜ

expression2

A 約束が違うじゃない！（じゃん！）

B 何よ（だよ）、約束って

A 忘れちゃったの？

B だから、何のことよ

A 今日は、遊園地に行くって約束したじゃん

B そうだっけ？

A ここ、競馬場じゃない！（じゃん！）

expression3

A 私（俺）のことなんか放っておいて！（くれ！）

B 駄目よ（だよ）病気なんだから、ちゃんと病院に行かなきゃ・・・

A もういいの（んだ）・・・どうせ治りはしないんだから

B ちゃんとリハビリすれば治るって先生が・・・

A このままでいいの！（んだ！）お節介はやめて！（くれ！）

B いま、頑張らないと、一生歩けなくなっちゃうのよ！（んだぜ！）

expression4

A 今度生まれてくるとしたら○○になりたい（Aの台詞の○○には何を入れてもよい）

B なんで？

expression5

A もう、行っちゃうんだ・・・

B うん、そろそろ・・・

A あいつによろしくね（よろしくな）

B 一応・・・言っておく

expression6

A 遅刻ですよ（だよ）

B ぎりぎりセーフ、まだ15秒あるわ（ぜ）

A 20分も遅刻してよく言うわよ（ぜ）

B 中央線が遅れてて・・・

A あなた（お前）の言い訳はいつも中央線ね（だよ）

B そう？

A 踏切事故があって、人身事故があって・・・

B 本当なんだって

A 遅刻したことは認めたのね（たんだな）

expression7

A もう！　頭に来た！

B 落ち着きなさいよ（落ち着けよ）

A 我慢の限界よ（だぜ）

B 「我慢の一瞬先に幸運は落ちている」

A 誰の言葉？

B 私・・・（俺・・・）

expression8

A 俺は嘘をつく人は嫌いだ
B 私は嘘なんかついてない
A 本当にそう言いきれる？
B どういう意味よ・・・

expression9

A 何度言ったら分かるんだ！（分かるのよ！）
B だから、理由があるの
A 門限は22時だ。一切の言い訳は聞かない、聞きたくもない
B じゃあ、電話で聞いてみろよ（聞いてみて）。人身事故で遅れたんだから

※男女逆で語尾が変わってもよいです。女同士なら語尾を変えてください。

部屋の中で女が待っている

男　（部屋に入ってきて）・・・!?　ビックリした！

女　お帰り・・・

男　電気ぐらいつけろよ・・・

女　うん・・・

男　夕飯は？

女　まだ・・・

男　また男に、振られたな？

女　どうして分かるの？

男　お前みたいな大飯喰らいが、ご飯を抜かすわけないだろう？

女　ただ単純に落ち込んでいるようには見えないの？

男　単純にって？

女　財布を落としたとか、親戚の誰かが死んじゃったとか・・・

男　で、財布を落としたのか？　親戚のおじさんでも死んじゃったか？

女　もう・・・いじわる・・・

男　今回の相手は誰？

女　(男の名前を言い)○○君の知らない人・・・

男　俺の知っている奴か

女　知らない人って言っているでしょう！

男　(女の名前を言い)○○の言うことは、反対にとると大体当たるんだ

女　憎たらしい・・・

男　誰？　佐々木か？　塩原か？　松本か？

女　違う・・・

男　松波か？

女　ピンポーン・・・

男　○○さ、何でいつも、そう、いけてない奴ばかりに惚れるわけ？

女　え？

男　俺が言うのもなんだけど・・・おまえさ、いい線行ってると思うよ。顔だって可愛いし、笑顔なんて食べちゃいたいほどだし、身体だって・・・それなりに出るとこ出てるし、ちょっと足は太いけど、街を歩いたら、きっと、普通の女の子よりナンパされると思うよ。それなのに、何でいつも不男に惚れるのかな・・・

女　あたし・・・いけてるかな

男　ああ

女　それだったら何であたしは、・・・振られてばかりなの？　あたしがいい女だったら、振られないはずよ、あたしが可愛らしい女だったら、こんな惨めなことにならなくて済むはずよ。今日が、なんの日か知ってる？　クリスマスイブよ。クリスマスイブに何で男に振られなきゃいけないのよ

男　俺がいるじゃん

萌子と久保田の同棲しているアパート。なにやら萌子は嬉しそうだが悩んでいるようにも見える。久保田が帰ってくる。それは喜び一杯で。

久保田　ただいま！

萌　子　（慌てて何かを隠す）お帰りなさい。何にする？　お風呂？　食事？　それとも寝る？

久保田　（絵コンテを出し）ジャーン！　これ、俺に決まりました！

萌　子　ええ！　凄いじゃない！（自分の絵コンテと同じであることに気づくが・・・）

久保田　プロモーションビデオに出演だぜ！　やり！　って感じ

萌　子　すごーい！　よかったじゃない！

久保田　ギャラは交通費程度なんだけどさ、エンターテイメントの世界へ第一歩って感じかなぁ

萌　子　楽しく踊っていられれば最高だったんじゃなかった？

久保田　まあ、そうだけどさ。勝手に向こうから転がり込んできたんだ。やってやろうじゃないの！

萌　子　おめでとう

久保田　この前、福光がスタジオに来ただろう？　そのとき、あいつのマネージャーが見ていて、俺にって

萌　子　福光さんだって、最初はプロモーションビデオからだったんだってね

久保田　そう。現場でメインのダンサーが骨折しちゃって端っこで踊っていたあいつが抜擢されたってわけ。それから奴はとんとん拍子に階段を上がって行っちゃった。でも俺も追いつくぜ。奴の背中は見えたぜ！

萌　子　そうよ！　追いついちゃえ！　追い抜いちゃえ！

久保田　（萌子の傍らに置いてある絵コンテに気がつき）何それ？

萌　子　ああ、これ？　さて何でしょう・・・

久保田　スーパーのチラシか？

萌　子　そうそう、チラシ・・・

久保田　違うだろう！　見せてみろよ

萌　子　いいじゃない、何だって・・・

取り上げる久保田。自分の絵コンテと同じ。

久保田　俺のと同じじゃないか・・・

萌　子　同じかもしれない

久保田　同じだよ・・・なんだ、お前も出るんだ

萌　子　テニス！　じゃなかった、卓球、でもなかったピンポン！

久保田　hikari様用・・・って

萌　子　・・・私の芸名・・・福光さんが付けてくれたんだ、芸能界の光になれって！

久保田　どういうことだ？

萌　子　どういうことって？

久保田　hikariご本人様用って・・・

萌　子　私の物ってこと

久保田　そんなこと分っているよ！　ご本人様用ってどういうことだ

萌　子　私のプロモーションビデオなんだ、それ

久保田　お前のプロモーションに俺が出るんだ・・・

萌　子　そういうことになるかなぁ

久保田　なんで隠していたんだ

萌　子　隠してなんかいないわよ、さっき急に電話がかかってきて、マネージャーさんが持ってきてくれたの・・・

久保田　俺がお前のｂａｃｋで踊るんだ・・・

萌　子　ｂａｃｋって・・・

久保田　お前、俺が喜んで帰ってきたのを笑っていたんだ・・・

萌　子　そんなことないわよ！

久保田　俺が、喜んでいたのを心の中で笑っていたんだ！

萌　子　そんなことないって！

久保田　お前は主役で、俺は脇役かよ！　おかしいだろう、おかしかったんだろう！

萌　子　もう、やめよう、この話・・・

久保田　笑えよ！　俺がバカみたいに喜んでいたことを笑えよ

萌　子　やめようって

久保田　笑えよ！　笑いたいんだろう！　笑えよ！

萌　子　そんなことないって

久保田　俺がそんなことで嫉妬する男に見えたのか？　俺のことをその程度の男と思っていたのか？

萌　子　違うわよ！

人気のない駅

SE　雑踏　薄く流れて・・・知らないうちに消える。

ベンチにいる女、B

そこに女、Aがやってくる。

A「いつもこの時間？・・・帰ってくるの・・・」

B「・・・」

A「よく見かけるから」

B「（気味が悪くなり逃げようとする）」

A「全然、怪しい者じゃないよ」

B「めちゃくちゃ怪しい」

A「ゲームではよく対戦しているじゃん」

B「ゲーム？」

A「そう、麻雀ゲーム・・・携帯の・・・」

B「あなたと？」

A　そう・・・ハンドルネーム「ゆかりん」でしょう？

B　え？

A　私、「東京のロンリー」

B　あ・・・(思い当たるフシがあって)

A　分かった？

B　あなたが「ロンリー」？

A　そう、「東京のロンリー」・・・ハンドルネームは正確に言ってよ・・・サークルがあってね、麻雀ゲームの・・・私は「東京のロンリー」・・・「湘南のロンリー」って奴もいるし、「埼玉のロンリー」や「熊本のロンリー」もいるの。顔は見たことないんだけどね

B　そうなんだ･･･なんで私が分かったの？･･･その･･･「ゆかりん」だって･･･

A　実はね、あなたの座席の前に座って・・・隣の隣ってこともあったわ・・・対戦していたことだってあったのよ・・・確か、12勝10敗

B　私、サークルなんて興味ないし・・・

A　別に勧誘じゃないわよ・・・いつも同じ電車だからどうせなら挨拶しておこうって・・・

B　バイトが新宿で、シフトがこの時間だから・・・

A「いいのいいの、深いことは話さなくて」

B「だって、あなたが・・・」

A「私はハンドルネームしか言ってないわよ・・・ハンドルネームなんて架空の名前じゃない・・・。私たちはゲームの中だけで繋がっている関係」

B「その私に何か用なの？」

A「あなた・・・完全犯罪って信じる？」

B「完全犯罪・・・？」

A「他人を殺せる？」

B「殺すって!?」

A「ほら、ホームの端に男の人がいるでしょう？　黒いこうもり傘を持った」

B「ええ・・・」

A「あの人を殺してもらいたいの」

B「あなた、何を言っているんですか・・・」

間

A「だから、完全犯罪よ・・・あなたと私は何の繋がりもない・・・つまり私が依頼したことも分からないし、警察があなたのところに行くこともない」

B でも人を殺すって・・・

A (架空のバックを持ってきて)ここに3千万あるわ

B (恐る恐る覗いてみると確かにある)!?

A これが報酬ってわけ

B そんなこと・・・

A もうすぐ電車が入ってくるわ・・・男の後ろに回って「ぽん」って押してくれればいいの・・・
ただそれだけ

B ただそれだけって・・・第一、できない・・・私には・・・

A あの男の人はね、自殺する理由があるの・・・胸のポケットには遺書だって入っている・・・
私はあの人から依頼されて、自殺の手伝いをするだけ・・・5千万もらって、2千万は私が頂いたわ

B 私にはやっぱりできない・・・あなたが自分ですればいいでしょう?

A あの男の人とは繋がりがあるから・・・私の・・・兄なの

B あなたのお兄さん!?

あとがき

客出し——終わりに代えて

第1幕では、プレゼンテーションをすぐにでも発表しなければいけない人へ、「即効性のある表現力のアップ」を書きました。

①リハーサルをすること
②原稿を書くこと
③原稿が書けなければ、せめて箇条書きにすること
④ウォーミングアップをすること

を重ねて推奨しておきます。

ウォーミングアップは誰でも恥ずかしいものですが、勇気を出して陸上の選手がスタートの前に体をゆすっているのを真似てもよいでしょう。陸上選手は自分の体を一本のタオルのようにイメージして動かしています。あの動きは脳からの指令を体がスムースに動くようにしているのです。

第2幕では、筆者の演劇論を中心に、表現における技術の基本は自分のイメージのコピー&ペーストであると書きました。

実はこの拙文を書き始めた頃に3本ほど、映像や舞台の演出とプロデュースを引き受けました。その中で高名な映像監督のTさんとご一緒することがあり、演技論を交わす

機会がありました。
「Ｔさんはオーディションで俳優を選ぶとき、何を重要視します？」と筆者は聞きました。Ｔさんは即座に、「僕の要求への達成度」と答えました。そして続けて「僕がもっと悲しそうにと言ったら、俳優が表現する悲しみが僕の要求を達成できてるかどうか」「楽しそうにと言ったら、僕に楽しそうに見えるかどうか」と言いました。ああ、ここにも筆者と同じ現実論の人がいると安堵したものです。俳優自身がどんな気持ちになるかではなく、評価者にどのように見えているかが現場では重要なのです。

第3幕では、実践的な演技のメソッドを8つ紹介しました。文字にするとメソッドは分かりづらい部分もあるかなと思いますが、台詞を聞くとは、「hear」ではなく「listen」であると付け加えさせていただきます。ただ聞いているのではなく、注意して聞くといった意味です。特に、音程に注意することは繰り返し書きました。

そして、テクノロジーの進化によってもたらされたスマートフォンの活用を推奨しました。

ＳＮＳの発展は、自ら表現を発信することを容易にしました。なのに、自分では自分を受信しない。自分の映像を見ないのです。

筆者は自分で自分を評価できなければ芸術は完結しないと考えています。言い換えれば自己肯定ができるかできないかです。頭の中のイメージを具現化して確実に再現する。

演出家や監督の要求に応えるには自分を客観視して、再現できる技術を持つことです。どんなに素晴らしいイメージや案を発想できても、実践できなければペーパープランでしかありません。要求に応える表現ができたと自己肯定できるように繰り返しメソッドを活用してください。

そして、「芝居を受ける」とか「相手の影響を受ける」とは自分の台詞の前にリアクションをつけるかどうかであると書きました。大胆な説であると筆者自身も思っています。しかし、「芝居を受けていない、影響を受けていない」という指摘への答えの一部ではあります。

芸術は究極的には好みであると冒頭に書きましたが、その気持ちは拙文を書き終わったいまでも変わりがありません。筆者好みの表現者が世の中にあふれることを祈っています。

- 林望『すらすら読める風姿花伝』講談社 , 2003
- 近藤弘子『世阿弥の能作における表現の変化―〈求塚〉〈綾鼓〉〈恋重荷〉〈砧〉に見られる地獄描写を中心に―』横浜国立大学国語・日本語教育学会 , 2019
- 高橋久一郎『アリストテレスの『詩学（悲劇論)』における「行為」と「悪」の問題』千葉大学人文研究 = The journal of humanities, 47 巻 , 2018
- 柳光子『ラシーヌの宗教劇における人物設定』九州フランス文学会 , 26 巻 , 1991
- J.L オースティン『言語と行為 (坂本百大／訳)』大修館書店 , 1978
- 松村明『スーパー大辞林 3.0』三省堂 , 2006-2008
- 窪薗晴夫、田中真一『日本語の発音教室』くろしお出版 , 1999
- 河野俊之、串田真知子、築地伸美、松崎寛『1 日 10 分の発音練習』くろしお出版 , 2004
- 郡史郎『プロソディーの自律性－フレージングを定める規則について』『言語』21(9) 大修館 , 1992
- 郡史郎『日本語のイントネーション―型と機能―「日本語音声 2 アクセント・イントネーション・リズムとポーズ」』三省堂 , 1997
- 金珠『音声の「視覚化」による日本語の韻律指導』大阪大学日本語日本文化教育センター授業研究 , 17 巻 , 2019
- 水野りか、松井孝雄『音韻的親近性の異なる日本語同音異義語の処理への文脈の影響』中部大学人文学部研究論集 , 38 巻 , 2017
- 岡田陽介『声の高低が政党党首の印象形成に与える影響―党首討論会の音声を用いた実験研究―』日本行動計量学会行動計量学 , 44 巻 1 号 , 2017
- 諏訪才子『発声法についての実践的・教育的考察―姿勢、呼吸法、共鳴を中心に―』東北女子大学・東北女子短期大学紀要 54 号 , 2016
- リード、コーネリウス・L『ベル・カント唱法（渡辺東吾／訳)』音楽之友社 , 1987
- 佐々木直樹『合唱指導における発声練習に関する研究 (1) –ヴァルター・シュナイダーの発声練習の理論と方法（呼吸と共鳴）』島根大学教育学部紀要 (人文・社会科学) 第 42 巻 , 2008
- 石井末之助『声のしくみ』音楽之友社 , 1982
- 酒井弘『発声の技巧とその活用法』音楽之友社 , 1974
- サラマン、エスター『声楽のコツ（西原匡紀／訳)』音楽之友社 , 1993
- 一色信彦『発声練習』医学書院 , 50 巻 9 号 , 1978
- 宮野素子『声と心－ユング心理学的立場からの検討』秋田大学教育文化学部教育実践研究紀要 , 37 巻 , 2015-03
- 滝沢修『俳優の創造』麦秋社 , 1983
- 小倉慶郎『日本語の固有語と高級語彙の使い分けについて：英日通訳の授業から』大阪大学日本語日本文化教育センター授業研究 , 15 巻 , 2017
- 山田太一『ラヴ』中央公論社 , 1986
- 諸木陽子、岩永誠『音楽の好みと曲想が情動反応に及ぼす影響』広島大学総合科学部紀要Ⅳ理系編 , 第 22 巻 , 1996

引用・参照文献一覧

- Stephens-Davidowitz,『Music of a Lifetime When do the strongest adult musical preferences set in? For women, it's age 13; for men, it's a bit later, 14.』New York times, 2018, 2, 10
- 有光興記『「あがり」のしろうと理論:「あがり」喚起状況と原因帰属の関係』社会心理学研究, 17.1, 2001, 1-11
- Blascovich, J., & Mendes, W. B. 2000 Challenge and threat appraisal: The role of affective cues. In J. P. Forgas (Ed.), Feeling and thinking: The role of affect in social cognition. New York: Cambridge University Press.
- 三宅優、横山美江『健康における笑いの効果の文献学的考察』岡山大学医学部保健学科紀要 17：1-8, 2007
- 中野信子『The21：ざ・にじゅういち』PHP 研究所, 35(4), 12-15, 2018-04
- 佐古仁志『「共感」に対する生態心理学的アプローチ』江戸川大学紀要, 2019-03
- クリスチャン・キーザーズ『共感脳―ミラーニューロンの発見と人間本性理解の転換（立木教夫・望月文明／訳）』麗澤大学出版会, 2016
- 本多礼諭『読みの動作化における観察者の理解の深まり「ミラーニューロン」研究の知見から』福島大学国語教育文化学会, 2019-03
- アリストテレース『詩学（松本仁助・岡道男／訳）』岩波文庫, 2009
- 北野雅弘『アリストテレス「詩学」訳及び注釈(1) 1 ～ 3 章』群馬県立女子大学紀要 (36), 2015-02
- 中野信子『脳はどこまでコントロールできるか』ベストセラーズ, 2014
- 中島弘徳、梅崎一郎『アドラー派のサイコドラマに古武術的技法を取りいれたワークの効果について』心身医学, 59 巻 3 号, 2019
- 玉川優芽、福間美紀、長田京子『無作為比較試験による笑いマッサージのストレスに対する生理的・心理的効果』日本看護研究学会雑誌 39(2), 2016
- 荒木秀夫『つまずかない、転ばない奇跡のくねくね体操』宝島社, 2018
- コンスタンティン・スタニスラフスキー『俳優修業第 1 部・第 2 部（山田肇／訳）』未来社, 1955
- 楯岡求美『演劇における感情の伝達をめぐって：スタニスラフスキー・システム：形成過程についての一考察』国際文化学研究, 神戸大学大学院国際文化学研究科紀要, 35, 2010-12
- ステラ・アドラー『魂の演技レッスン 22　輝く俳優になりなさい！（シカ・マッケンジー／訳）』フィルムアート社, 2009
- サンフォードマイズナー、D・ロングウェル『サンフォード・マイズナー・オン・アクティング（仲井真嘉子、吉岡富夫／訳）』而立書房, 1992
- 中村一規『演技レッスンに関する一考察―演技における“イメージ”という言葉を活字でどう伝えるのか』桜美林論考, 2018, 人文研究
- 花淵馨也『不確かな他者として振舞う技法：衣における政令憑依と自己変容＜特集＞メタモルフォーシスの人類学』日本文化人類学会, 74 巻 3 号, 2009
- 鈴木裕仁『ラットにおける咀嚼動態の変化に伴う酸化ストレス誘導に関する研究』北海道医療大学歯学雑誌, 32 巻 1 号, 2013
- 太西雅一郎『テクネーの問いとギリシア：ハイデガー、ニーチェ、ベンヤミン』成蹊大学経済学部学会, 第 47 巻第 2 号, 2016
- 重田みち『「風姿花伝」神儀篇の成立経緯と著述の意図:「申楽」命名説を軸として』日本研究, 58 巻, 2018

本書は「梅光学院学術図書出版に関する助成」を受けて出版しています。

著者 相原 幸典（あいはら・ゆきのり）

演出、脚本、俳優、演技トレーナー。梅光学院大学文学部特任教授。エイベックス・アーティストアカデミー東京校講師。舞夢プロ講師。1960年神奈川県平塚市生まれ。中央大学法学部法律学科中退。演劇を志して1980年に『劇団樹間舎』1期生となり、主に文学座退団後の木村光一が主宰する『地人会』の舞台に出演する。俳優としてのデビュー作は、『ラヴ～こころ、甘さに飢えて』（作・山田太一／演出・木村光一）。ニューヨークに留学して演技論を学び、独自の演劇メソッドを確立。以降、その実践により、数々のアーティストや俳優を育てている。03-ゴールデン劇場主宰。

実践表現講座
演技の気持ち

2019年11月27日　初版第1刷発行

著　者　相原 幸典
発行人　佐々 和也
発行所　立案舎
〒150-0042
東京都渋谷区宇田川町2-1
渋谷ホームズ518
株式会社インテント内
電話　03-6452-5475
印刷・製本　シナノ書籍印刷株式会社
○定価はカバーに表示してあります。
○落丁本・乱丁本は、お手数ですが右記宛にご送付ください。
送料小社負担にてお取り替えいたします。

ISBN978-4-909917-01-0 C2074 Printed in Japan